AF272694

www.doctandon.de

Umwege

Dr. med. dent. Daniel Tandon, MSc. MSc.

20. November 2024

Impressum

Bibliografische Information der Deutschen Nationalbibliothek: Die Deutsche Nationalbibliothek verzeichnet diese Publikation in der Deutschen Nationalbibliografie; detaillierte bibliografische Daten sind im Internet über dnb.dnb.de abrufbar.

Die automatisierte Analyse des Werkes, um daraus Informationen insbesondere über Muster, Trends und Korrelationen gemäß §44b UrhG („Text und Data Mining") zu gewinnen, ist untersagt.

© 2024 Dr. med. dent. Daniel Tandon, MSc. MSc.

Verlag: BoD · Books on Demand GmbH, In de Tarpen 42, 22848 Norderstedt
Druck: Libri Plureos GmbH, Friedensallee 273, 22763 Hamburg

ISBN: 978-3-7597-8501-5

Doc.Tandon®

Inhaltsverzeichnis

Vorwort

Die klassische „Heldenreise" zeigt den inneren Konflikt der Protagonistin oder des Protagonisten, der sich im Äußeren widerspiegelt und die Ursache für die äußeren „Konflikte" darstellt.

Nicht, dass jetzt der Eindruck entstehen soll, dass ich ein Held bin oder Ähnliches. Aber meine Erkenntnisse teile ich mit dir in diesem Buch und hoffe, dass ich nicht nur Mehrwert schaffe, sondern auch den einen oder anderen Umweg erspare.

„Erfolg ist das Ergebnis richtiger Entscheidungen.
Richtige Entscheidungen sind das Ergebnis von Erfahrungen.
Und Erfahrung ist das Ergebnis von falschen Entscheidungen."

Dieses Zitat hängt bei uns in der Praxis. Diesbezüglich würde ich Folgendes ergänzen: Ob eine Entscheidung richtig oder falsch war, zeigt sich erst im Verlauf; ihre Konsequenzen offenbaren sich mit der Zeit. In diesem Buch werde ich oft meine inneren Konflikte thematisieren. Aus heutiger Sicht ergibt jede meiner Entscheidungen absolut Sinn und bildet eine logische Abfolge für mich.

Ein wichtiges Learning ist jedoch, dass manchmal Umwege notwendig sind - egal, an welchem Punkt wir uns gerade befinden – wir dürfen nie vergessen:

„Erst am Ende wird abgerechnet!"

Viel Spaß mit dem Buch, meine Freunde!

Was ist mein Rucksack?

Meine Mama ist Deutsche und mein Papa ist Inder. Meine Mama bekam mich mit 19 Jahren und bereits mit 16 Jahren heiratete sie meinen Papa, einen „Ausländer". Meine Mama ist gelernte medizinische Fachangestellte, während mein Papa als ungelernter Papierschneider arbeitete. Aus heutiger Sicht haben meine sieben Jahre jüngere Schwester, ich und mein Cousin alles mitbekommen, was man braucht, um ein erfülltes Leben führen zu dürfen!

Ich war als Baby dick, also wenn man mich gefüttert hat, habe ich immer ordentlich gegessen. Später werde ich auf diesen Aspekt noch einmal zurückkommen.

Ich kann nicht alle positiven Dinge aufzählen, die ich durch meine Eltern erfahren durfte, aber wenn ich mich für zwei der zahlreichen Learnings entscheiden müsste, wären es die folgenden:

Meine Mutter hat immer einen Weg gefunden, damit das Geld mehr als reicht. Sie hat Heimarbeit besorgt, sprich wir sind zu einer Firma gefahren und haben Container-Steckteile geholt. Die ganze Familie hat diese zusammengesetzt, meistens zusammen am Abend und am Wochenende. Woche für Woche. Später hat meine Mutter auch Flohmärkte gemacht. Das frühe Aufstehen habe ich von ihr. Meine Mutter hat das Unternehmer-Mindset schlechthin. Sie findet immer eine Lösung und schafft es, dass die „Mannschaft" nicht untergeht. Danke, Mama!

Ein entscheidendes Learning, das ich von meinem Papa erhalten habe, war, mit Schulden zu leben. Meine Eltern entschieden sich dazu, die Schulden meines Onkels (dem Bruder meines Vaters) zu übernehmen. Damals beliefen sich diese Schulden, umgerechnet auf weit über 80.000 Euro. Den genauen Zinssatz weiß ich nicht mehr. Dahinter stehen viele Werte und Prinzipien, aber das Leben mit Schulden war und ist für mich normal. Danke, Papa!

Daraus können unter Umständen einige Glaubenssätze entstehen, wie zum Beispiel „uns Tandons passiert immer was schlechtes" oder dass der Schuldenberg am Selbstwert nagt. Dies soll keine Entschuldigung sein, sondern könnte möglicherweise die Ursachen für meine Minderwertigkeitskomplexe erklären.

Als Kind war ich immer „dick" und wurde oft gehänselt mit Spitznamen wie „Negerlippe" oder „Bomber". Bei den Mädchen hatte ich keine guten Karten. Alles änderte sich jedoch, als ich in Indien meine Familie besuchte, wir mit dem Roller unterwegs waren und etwas von Garküchen am Straßenrand aßen. Dort habe ich mir Typhus eingefangen. Zurück in Deutschland benötigten die Ärzte fast zu lange, um herauszufinden, was genau ich hatte. Am Ende landete ich in stationärer Quarantäne und der Babyspeck war weg.

Ich war ein Mischling mit Lese-Defiziten und geringem Selbstwertgefühl und wollte schon immer Zahnarzt werden.

Anekdote:

Ich war zum ersten Mal beim Zahnarzt. Bei Dr. Metzger. Bei ihm war sein Name Programm! Ich war mit meinem Opa dort in der relativ kleinen Praxis in der Knapperstraße in Lüdenscheid. Dr. Metzger zog mir gleich vier Milchzähne auf einmal, obwohl es mir sehr wehgetan hatte - daran kann ich mich noch gut erinnern. Mir wurde berichtet, dass ich nach der Extraktion auf den Behandlungsstuhl gestiegen bin, ihm die Faust gezeigt habe und gesagt habe:

„Wenn ich groß bin, mache ich das besser als du!"

Heute kann ich definitiv sagen, dass ich das besser mache... Aber dafür musste ich noch ein paar Dinge erleben.

Das Gute an einem reduzierten Selbstwertgefühl ist, dass man sich mehr davon erarbeiten kann, aber auch dazu später mehr.

Meine Eltern

Warum arbeite ich mit Cousin?

Der Grund warum ich mit Marius arbeite…

Ich war in der Klinik im Labor und arbeitete an meiner Genauigkeitsstudie, als Tante Hanne (die Mutter von Marius und die Schwester meiner Mutter) mit Marius zu Besuch kam und Abendbrot mitbrachte. Tante Hanne hatte zuvor angerufen und im Gespräch fragte sie mich, ob ich mich mit einem speziellen Medikament auskenne, dessen Namen ich nicht mehr weiß. Sie erzählte mir, dass sie davon immer „Sehstörungen" bekomme. Zu dieser Zeit arbeitete ich auf Minijobbasis in der Augenheilkunde der Uniklinik Köln und war gut vernetzt. Wir sind direkt in die Augenklinik gegangen und meine Tante wurde umgehend untersucht.

Damals verstand ich nicht alles. Die diensthabende Augenärztin sagte nichts über den Befund, was ich damals ziemlich merkwürdig fand. Rückblickend ist es jedoch klar: Die Augenärztin wollte uns die todbringende Diagnose nicht mitteilen – metastasierendes Kleinzellkarzinom. Kurz darauf verstarb meine Tante daran. An dem Tag war ich mit meinem Papa im Hospiz bei Tante Hanne und die diensthabende Schwester sagte uns, dass meine Tante heute von uns gehen würde, „weil ihre Nase so spitz ist". Marius hat mir vor Kurzem erzählt, dass er an diesem Tag auch dort war, aber ich kann mich ehrlich gesagt nicht mehr daran erinnern.

Meine Tante Hanne, mein Cousin Marius und ich

Was ich noch genau weiß: Es ist ein sehr überwältigender Augen-
blick, wenn ein Mensch stirbt. Meine Tante sah nicht mehr so
aus wie meine Tante, aber sie fühlte sich noch genauso an. Sie
konnte nicht mehr sprechen, hielt aber meine Hand. Ich hatte
Angst, stand direkt neben ihr und hielt ihre Hand. Sie hatte auch
Angst, vor allem um Marius. Es war März 2011 und ich steckte
mitten im Examen, konnte mich also nicht einmal um meine
Existenz kümmern. Meine Tante wollte mir etwas mitteilen und
ich spürte, wie sie immer schwächer wurde. Gott sei Dank stand
mein Vater direkt hinter mir. Meine Tante wollte unbedingt
etwas loswerden und ich spürte, dass ich ihr einfach sagen sollte,
was ich gerade dachte und fühlte: „Tante Hanne, mach dir bitte
keine Sorgen, ich kümmere mich um Marius, versprochen!"

Kurz nach diesem Moment entspannte sich meine Tante Hanne absolut und ist ruhig und friedlich eingeschlafen.

Meine Tante war mein ganzes Leben lang genauso wie meine andere Tante immer für mich da. Zum Glück war Marius schon damals mit seiner späteren Ehefrau Hanna zusammen und es war nicht so, als ob Marius den Eindruck vermittelte, dass man sich um ihn kümmern müsse. Aber ein Versprechen ist ein Versprechen! Die Frage ist nur, wie soll ich mein Versprechen halten?

Foto: Tomek Koniezny

Sei nicht nachtragend

Im September 2011 begann ich meine erste Stelle als Vorberei-tungsassistent in Willich. Zu diesem Zeitpunkt war mir natürlich nicht klar, dass ich fünf Jahre später diese Praxis übernehmen würde. Ich hatte gerade mein Studium abgeschlossen, besaß weder ein Auto noch Hausrat, jedoch einen unterschriebenen Arbeitsvertrag mit einer sechsmonatigen Kündigungsfrist und einem Bruttogehalt von 2.750 Euro. Es war also klar für mich, dass die Apotheker- und Ärztebank mir einen Kredit über 12.500 Euro gewähren würde. Doch die Bank sagte: „Herr Tandon, das ist uns zu unsicher."

Glücklicherweise gewährte mir meine Hausbank, die Sparkasse Lüdenscheid, den Kredit über 12.500 Euro mit 8,9 % Zinsen. Der Bankberater fragte mich, wie ich das Geld ausgezahlt haben möchte – im Umschlag oder Beutel?

„Nein, ein Gummiband reicht!"

Mit Hilfe meiner Eltern konnte ich den Betrag zwölf Monate später an die Bank zurückzahlen. Fünf Jahre später lieh mir die Apotheker- und Ärztebank ironischerweise das Hundertfache an Geld, ohne mit der Wimper zu zucken. Der Grund dafür war allerdings unser sehr konjunkturunabhängiges Geschäft. Im ersten Moment dachte ich mir: „Scheiß auf die Apobank, die haben mir damals nicht geholfen, warum sollte ich jetzt mit ihnen Geschäfte machen?"

Mein Learning:

Faust in die Tasche, die Konditionen sind unschlagbar!

Der zweite Punkt war: Auf dem Papier (objektiv gesehen) war seinerzeit für die Bank das Risiko zu hoch, mir den Betrag als Startkapital zu geben. Aus ihrer Sicht war es also kein sicheres Geschäft.

Bild: Tomek Koniezny

Recht haben und Recht bekommen...

Bei Übernahme meiner ersten Praxis in Willich Schiefbahn kam mein Vorgänger nicht damit klar, dass ich nach der Übernahme seiner Praxis das Praxisinventar entsorgt habe. Aus heutiger Sicht kann ich das verstehen. Es mag ein absurdes Beispiel sein, aber stell dir vor, du verkaufst mir deine Wohnung inklusive Inventar und ziehst gleichzeitig als Mitbewohner ein. Dann renoviere ich die Wohnung in deiner Anwesenheit und werfe den Großteil des Inventars weg. Wie würdest du dich fühlen? Natürlich hast du verkauft und Geschäft ist Geschäft, aber verständlicherweise würde es dich zum Nachdenken bringen.

Mein Vorgänger war fassungslos, als er die Umsätze sah, die sich nach der Renovierung und Umgestaltung der Praxisräume deutlich erhöhten. Die Patienten fühlten sich wohl und äußerten, wie toll die neuen Räumlichkeiten aussahen. Ich werde nie vergessen, wie er im Ärztebüro stand, auf die Umsatzzahlen starrte und sagte: „Solche Umsätze habe ich nie gehabt!"

Ich habe den Fehler gemacht oder die Fragestellung nicht sauber aufgearbeitet wie viel Einblick der ehemalige Inhaber bekommen sollte, wenn er in ein Anstellungsverhältnis geht.

Das ist eine wichtige Frage. Wenn der ehemalige Inhaber nach dem Verkauf der Praxis als Angestellter bleibt, sollte er angemessene Einblicke in die Geschäftsabläufe erhalten, die seine Arbeitsaufgaben betreffen. Dabei ist jedoch wichtig zu berücksichtigen, dass er nicht mehr der Eigentümer ist und keine

Entscheidungen mehr trifft. Es ist ratsam, klare Vereinbarungen darüber zu treffen, welchen Einblick er behält und welche Informationen ihm zur Verfügung gestellt werden, um effektiv arbeiten zu können, ohne jedoch in die tägliche Geschäftsführung einzugreifen.

Hintergrund:

Er war mein ehemaliger Chef und fragte mich, ob ich seine Praxis übernehmen möchte. Zu diesem Zeitpunkt war ich noch relativ unerfahren und er vermittelte mir den Eindruck, dass wir das wie Vater und Sohn machen würden (obwohl er selbst keine Kinder hat – das hätte mir schon zu denken geben sollen). Er hat mich quasi unter seine Fittiche genommen, mir gezeigt, wie alles läuft, wohlwollend sowohl mir gegenüber als auch den Patienten gegenüber. Mit diesem romantischen Gedanken und basierend auf diesem Verständnis hat er seinen eigenen Arbeitsvertrag so gestaltet, wie er es wollte: drei Jahre unbefristet mit einem Grundgehalt und einer Umsatzbeteiligung ab einem bestimmten Betrag X von 28 % des zahnärztlichen Honorars, das er erwirtschaftet hat. Es scheint, als hätte er mir das Angebot unter einem persönlichen und wohlwollenden Blickwinkel gemacht, was möglicherweise die Verhandlungen beeinflusst hat. Rückblickend kann man sagen, dass ich zu diesem Zeitpunkt nicht die volle Tragweite und die möglichen Konsequenzen dieses Vertragsverhältnisses erfasst habe.

Aus heutiger Sicht verstehe ich sogar, warum er so gehandelt hat. Er konnte seine Praxis nicht zum von ihm gewünschten Preis verkaufen, was letztendlich zu seiner Enttäuschung führte. Das Prinzip von Angebot und Nachfrage spielt hier eine große Rolle. Um das zu verdeutlichen, stell dir vor, du besitzt eine

Rolex-Uhr, die du für 20 k erworben hast und im Internet siehst du, dass eine vergleichbare Uhr für 30 k angeboten wird. Das kann deine Erwartungshaltung steigern. Aber letztendlich entscheidet der Interessent, was er bereit ist, zu zahlen, wenn du die Uhr verkaufen möchtest. Andernfalls musst du warten.

Mein Angebot für die Übernahme seiner Praxis war gut und fair und er hat es schließlich angenommen. Es gibt verschiedene Bewertungsgrundlagen für den Praxiskaufpreis, aber im Allgemeinen basiert er auf dem Mittelwert des Praxisgewinns der letzten drei Jahre (immaterieller Wert) plus dem materiellen Wert (Praxisinventar) laut Anlageverzeichnis und ergibt den Praxiswert.

Trotz allem war er unterm Strich nicht mit dem zufrieden, was er von mir bekommen hat, weil sein Steuerberater ihm gesagt hat, dass ich die Praxis in den nächsten drei bis fünf Jahren abbezahlen könnte, wenn ich die Gewinne auf dem gleichen Niveau halten kann.

Es ist wahrscheinlich, dass ihn dieses Gefühl während seines Angestelltenverhältnisses begleitet hat – das Gefühl, ein schlechtes Geschäft gemacht zu haben.

Ein gutes Geschäft ist - objektiv gesehen - gegeben, wenn beide Parteien zufrieden sind und ihre Erwartungen erfüllt werden. Zum Verständnis sollte man immer im Hinterkopf behalten: Die meisten Menschen können den genauen Inhalt eines Gesprächs nicht wiedergeben, aber die Emotion, die sie dabei empfunden haben, bleibt ihnen im Kopf hängen.

Es geht immer um das Gefühl, das du bei der Person hinterlässt.

Auf diesem Gefühl basieren Sympathie oder Antipathie sowie positive oder negative Erinnerungen.

Bild: Tomek Koniezny

Hierzu eine kleine Anekdote:

In meiner Weiterbildung zur Oralchirurgie war ich im Ange-stelltenverhältnis in Oberhausen tätig. Zuvor war ich bei zwei niedergelassenen Mund-, Kiefer- und Gesichtschirurgen mit ins-gesamt drei eigenen Praxen angestellt. Nach etwa 14 Tagen bei dieser neuen Stelle wurde ich degradiert und sollte zunächst drei Monate lang nur assistieren und „den Haken halten". Trotzdem konnte ich solide Grundlagen der zahnärztlichen Chirurgie erler-nen. Nach zwölf Monaten wechselte ich dann zu der besagten Stelle in Oberhausen.

Während meiner Tätigkeit dort führte ich eine retrograde Wurzelspitzenresektion am Zahn 36 durch. Die Patientin stellte sich nach etwa einer Woche mit anhaltenden Beschwerden erneut vor. Mein damaliger Chef war leicht verärgert, nachdem er sich die Patientin angeschaut hatte und meinte zu mir, dass der „Workflow" geändert werden müsse. Später an diesem Tag bat ich ihn darum, dass wir uns zusammensetzen und besprechen sollten, wie er die Dinge gerne hätte, „damit wir in Zukunft die gleiche Sprache sprechen können". Daraufhin antwortete er mir:

„Wir werden niemals die gleiche Sprache sprechen!"

In diesem Moment war für mich das Thema erledigt. Nach Feierabend bin ich nach Hause an meinen Schreibtisch gegangen und habe diesen Vorfall sofort in mein „kleines Schwarzes" eingetragen, das war am 15.09.2014. Deshalb kann ich mich auch heute noch so genau an die Details erinnern. Selbst wenn ich es damals nicht verschriftlicht hätte, wäre dieses Gefühl geblieben.

Ein Jahr später fragte er mich, ob wir eine Partnerschaft eingehen sollten und skizzierte, wie so etwas aussehen könnte. Rate mal, woran ich mich sofort erinnert habe? An seine Worte: „Wir werden niemals die gleiche Sprache sprechen!" Ich bezeichnete seine Skizze als „Luftschloss" und zeigte kein Interesse.

Wer weiß, ob ich heute hier sitzen und dieses Buch schreiben würde, wenn dieser Vorfall nicht gewesen wäre. Vielleicht hätten wir dieses „Luftschloss" in die Tat umgesetzt... Ich mache meinem ehemaligen Arbeitgeber keinen Vorwurf. In diesem Moment war mein Ego tief verletzt, aber aus heutiger Sicht verstehe ich, dass er möglicherweise mit dem einen oder anderen schwierigen Patienten zu kämpfen hatte oder anderen Belastungen ausgesetzt war, sei es mit seinem Personal, seiner Frau, mit Überweisern, dem Steuerberater oder dem Finanzamt, oder - weiß der Geier -

vielleicht hat er im Affekt reagiert und gehandelt, ohne gut zu überlegen.

„By the Way"denken wahrscheinlich einige doppelapprobierte Zahnärztinnen und Zahnärzte ähnlich, aber es gibt immer jemanden, der eine Sache besser kann, als man selbst es kann, unabhängig vom Bildungsgrad.

Wie dem auch sei, zurück zum ehemaligen Praxisinhaber: Vielleicht hatte er immer das Gefühl einen „schlechten Deal" gemacht zu haben im Hinterkopf, besonders angesichts der gestiegenen Umsätze und des positiven Feedbacks der Patienten zu den renovierten Räumlichkeiten.

Dann ging es los. Es begannen die Konflikte. Unsere Egos prallten aufeinander und es hat regelmäßig gekracht. Deshalb gingen wir uns in der Praxis aus dem Weg, indem wir im Schichtdienst arbeiteten: Ich war morgens da, er nachmittags und umgekehrt.

Bis etwa zwölf Monate nach der Praxisübernahme eine Mitarbeiterin zu mir kam und fragte, ob sie sich Sorgen machen sollte. Ich fragte, worüber sie sich Sorgen machen solle. Sie antwortete, dass der angestellte Zahnarzt in der Praxis herumgeht und erzählt, dass ich pleite sei. Zusätzlich würde er mich in meiner Abwesenheit vor den Patienten schlecht machen.

Ich bedankte mich zunächst für die Information, hielt dann Rücksprache mit meinem Anwalt und bat alle Mitarbeitenden, die Situationen, in denen er mich schlecht gemacht hat oder über meine finanzielle Situation gesprochen wurde, schriftlich festzuhalten und mir vorzulegen.

Mein Anwalt riet mir, den ehemaligen Praxiseigentümer bzw. meinen angestellten Zahnarzt zum 04.10.2017 außerordentlich fristlos zu kündigen. Gesagt, getan – und ziemlich genau ein Jahr nach der Praxisübernahme zum 01.10.2016 habe ich ihn dann entlassen.

Das Problem war, dass man als Arbeitgeber vor dem Arbeits-
gericht nicht immer so gute Karten hat wie der Arbeitnehmer.
Hinzu kam, dass unser Arbeitsverhältnis unbefristet auf drei
Jahre angelegt war, so wie es mein angestellter Zahnarzt im
Praxisverkaufsgespräch gewünscht hatte. Da Zeugenaussagen
vor Gericht oft nicht die größte Bedeutung haben, habe ich das
Verfahren letztendlich verloren und musste einschließlich der
Anwaltskosten einen Betrag im unteren sechsstelligen Bereich
zahlen.

Bild: Tomek Koniezny

Deshalb sind Recht haben und Recht bekommen manchmal
zwei verschiedene Paar Schuhe. Etwa ein Jahr später ging mein
ehemaliger angestellter Zahnarzt in ein Angestelltenverhältnis
bei einer Kollegin in Meerbusch, wobei wir das in der Praxis
nicht einmal bemerkt haben. Dort war er allerdings auch nur

etwa ein Jahr beschäftigt.

Hier sind einige Learnings aus meinen Erfahrungen:

Recht haben und Recht bekommen klappt nicht immer für den Arbeitgeber. Manchmal ist es schwer vor Gericht erfolgreich zu sein, selbst wenn man eigentlich im Recht ist.

Wenn du deine Praxis verkaufst, dann hast du sie verkauft. Du musst damit leben können, dass sich Dinge ändern, wie z.B. dass „deinInventar entsorgt wird und deine ehemaligen Patienten zufriedener sind als zuvor. Es kann auch vorkommen, dass die Umsätze der Praxis nach dem Verkauf steigen, was du vorher nicht geschafft hast.

Außerdem kann es sein, dass selbst wenn du lediglich neun Autominuten von deiner ehemaligen Praxis entfernt ein Angestelltenverhältnis woanders eingehst, es keinen wirklich interessiert.

Diese Erfahrungen zeigen, dass Veränderungen und Entscheidungen im Berufsleben oft unvorhersehbare Konsequenzen haben können, mit denen man umgehen muss.

Heute würde ich das anders angehen: Ich würde eine „sanfte Renovierung" durchführen. Früher war meine Vorgehensweise etwas radikaler. Ich würde heute die Praxis neu streichen, am Lichtmanagement arbeiten und ausmisten, anstatt eine vollständige Renovierung durchzuführen. Warum? Stell dir vor, du hast eine möblierte Eigentumswohnung und verkaufst sie unter der Bedingung, dass du noch weitere drei Jahre dort leben wirst und wir eine WG daraus machen. Bis Freitag hast du alleine dort gewohnt und am Samstag ziehe ich ein, nachdem ich dir bereits das Geld überwiesen habe. Dann fange ich am Samstag an, in deinem Beisein zu renovieren und dein ehemaliges Inventar zu entsorgen – unabhängig davon, ob du anwesend bist oder nicht. Das hat eine Wirkung auf dich. Du warst mit dem Inventar zufrieden, vielleicht sogar nur passiv zufrieden, aber das Wegschmeißen hinterlässt einen Eindruck, selbst wenn er unbewusst ist.

Ich würde so viel renovieren, dass sich ein neuer Patient wohlfühlt, aber ein Stammpatient die Räumlichkeiten nicht als fremd empfindet. Es wäre wichtig, einen Mittelweg zu finden, mit dem du zunächst zufrieden bist. Im Laufe der Zeit kann man dann sukzessive weitere Renovierungen angehen.

Überlege dir gut, ob du den ehemaligen Inhaber anstellst.

Wenn ja, dann füge eine ganz normale Probezeit von sechs Monaten in den Vertrag ein und lernt euch erst einmal kennen oder wieder neu kennen. Jeder von euch muss in seine neue Rolle hineinwachsen und sich darin zurechtfinden. In Solingen zum Beispiel habe ich die ehemalige Inhaberin innerhalb der Probezeit entlassen, während die ehemalige Inhaberin in Bedburg noch drei Jahre in der Praxis mitgearbeitet hat. Bei den restlichen Übernahmen haben wir die ehemaligen Inhaber in die wohlverdiente Rente geschickt. Das bedeutet, die Chance, dass die ehemaligen Praxisinhaber weiterhin produktiv, proaktiv und ohne Ego-Probleme erfolgreich mitarbeiten, liegt laut meiner Erfahrung bei 1:2, dass es positiv endet.

Gebe deinen Angestellten nicht zu viele Einblicke in die Praxis. Die Ehefrau des Inhabers war in der Buchhaltung beschäftigt, wodurch mein Vorgänger Zugang zu den kompletten Umsätzen hatte. Jeder Mitarbeitende sollte nur so viel wissen, wie er tatsächlich wissen muss – darüber hinaus geht es niemanden etwas an!

Ein Vorteil einer Praxisübernahme ist, dass du einen bereits bestehenden Patientenstamm übernimmst. Ein Nachteil kann jedoch sein, dass du eine gewisse Zeit benötigst, um in deine neue Rolle hineinzuwachsen. Wenn du eine Praxis mit 20 Angestellten übernimmst, kann das zunächst überwältigend sein. Ich habe meine Praxis am 01.10.2016 übernommen und startete das zweite Geschäftsjahr am 01.01.2017 mit einem Defizit von 184.000 Euro, was im Businessplan zwar einkalkuliert war, doch in diesem konkreten Moment fragte ich mich: „Wie soll ich das schaffen?"

Das war der Zeitpunkt, in dem ich in den „Tunnel" gegangen bin – ich war extrem fokussiert, arbeitete unermüdlich und fühlte mich, als stünde ich mit dem Rücken zur Wand. Abends kam ich erst um 21 Uhr nach Hause, setzte mich kurz auf die Couch und fiel dann oft erschöpft in den Schlaf. Am nächsten Tag begann der Zyklus von Neuem...

Der Ritter auf dem weißen Schimmel

Im Rückblick hatte ich den Eindruck, dass mein Vorgänger seine Praxis zu früh abgegeben hat. Ich glaube, er war damals etwas über 55 Jahre alt. Aus meiner Sicht war sein Plan darauf ausgelegt, langfristig darauf hinzuarbeiten, die Praxis eines Tages „günstig" wieder von mir zu übernehmen und sie als „Retter" wieder zu altem Glanz zu führen. Das sind jedoch alles Spekulationen meinerseits.

Wie ist ein Problem definiert:

Kurzfristiger Vorteil wird langfristig zum Nachteil.

Trinkst du den ganzen Tag Cola, fluten Endorphine und Kohlenhydrate wie Kokain deinen Kopf, aber langfristig kann dies zu Diabetes führen.

Dagegen wird ein kurzfristiger Nachteil langfristig zum Vorteil:

Das Standfort-Marshmallow-Experiment war eine Studie zur Selbstdisziplin und Verzögerungsgratifikation, die in den späten 1960er und frühen 1970er Jahren an der Standfort Universität durchgeführt wurde. Das Experiment wurde unter der Leitung vom Psychologen Walter Mischel und seinen Kollegen durchgeführt.
In diesem Experiment wurden Vorschulkindern Marshmallows oder andere Leckereien angeboten. Den Kindern wurde gesagt,

dass sie die angebotene Leckerei sofort essen könnten, aber wenn sie warten würden, bis der Experimentator zurückkäme (normalerweise nach einer kurzen Abwesenheit), würden sie zwei Leckereien erhalten. Das Experiment untersuchte die Fähigkeit der Kinder, ihre Impulse zu kontrollieren, um eine größere Belohnung in der Zukunft zu erhalten, anstatt die sofortige Befriedigung zu wählen.

Die Ergebnisse des Experiments zeigten, dass Kinder, die in der Lage waren, die Belohnung aufzuschieben, in späteren Jahren oft bessere kognitive, soziale und akademische Ergebnisse erzielten als diejenigen, die nicht in der Lage waren, zu warten. Dies legt nahe, dass die Fähigkeit zur Selbstdisziplin und zur Verzögerung der Gratifikation wichtige Faktoren für langfristigen Erfolg sein können.

Das Problem eines „Handwerkers" ist, dass es ihm schwerfällt, an langfristigen Projekten zu arbeiten, bei denen der Erfolg nicht sofort sichtbar ist. Selbst wenn man als Kind gelernt hat, eine Leckerei liegen zu lassen, um später zwei Leckereien zu erhalten, kann es dennoch schwierig sein, an Projekten zu arbeiten, bei denen der Erfolg erst in der Zukunft, möglicherweise erst in mehreren Jahren, eintritt.

In solchen Berufen kann es herausfordernd sein, wenn man jeden Abend die Umsätze überprüfen möchte und Schwierigkeiten hat, an Projekten zu arbeiten, bei denen der Erfolg nicht unmittelbar erkennbar ist. Es erfordert Durchhaltevermögen, Geduld und die Fähigkeit, an langfristige Ziele zu verfolgen, auch wenn der Erfolg nicht sofort greifbar ist.

Der kurzfristige Vorteil von Gier

Ich habe im Oktober 2019 den Standort in Neersen übernommen. Auf die Praxis wurde ich durch einen Makler aufmerksam, nennen wir ihn Herrn Kirsch. Das Geschäftsmodell von Herrn Kirsch ist grob folgendes: Er erhält eine Provision sowohl vom Verkäufer als auch vom Käufer für die Vermittlung einer Praxis. Dadurch kann es zu einem Interessenkonflikt kommen. Für wen arbeitet der Makler eigentlich? Dies könnte sich weiter verschärfen, weil der Makler auch gegen Entgelt Gutachten erstellt, um einen Verkaufspreis zu bestimmen oder den Verkaufsprozess anzustoßen. Jede beteiligte Partei möchte natürlich ihre eigenen Interessen durchsetzen: Der Verkäufer will möglichst viel für seine Praxis erhalten und der Käufer möchte möglichst wenig bezahlen - verständlich! Es wäre so, als hätten beide Parteien denselben Anwalt — das kann nicht funktionieren! Das Praxisgutachten wird natürlich zugunsten des Zahlenden erstellt. Das könnte auch der Grund dafür sein, dass manchmal Deals nicht zustande kommen, weil die Basis für ein gutes Geschäft, bei dem beide Parteien gewinnen, nicht gegeben ist. Oder anders gesagt: Die Erwartungen des Verkäufers stimmen nicht mit denen des Käufers überein — du verstehst, was ich meine. Der Standort in Neersen ist nur etwa acht Autominuten von meiner Praxis in Willich Schiefbahn entfernt und ich habe ihn seit Januar 2021 geschlossen. Aber wie ist es dazu gekommen?

Der Standort liegt direkt neben dem malerischen Schloss Neersen. Bis heute ist das meiner Meinung nach der schönste Standort, aber wie heißt es doch so schön: „Von einem schönen

Teller...".

Der Standort war Teil einer Gemeinschaftspraxis, in der zwei Zahnärzte Partner waren und insgesamt zwei Standorte besaßen, die beide etwa 20 Autominuten voneinander entfernt waren. Ein schöner Standort in guter Lage, mit Zahlen, die auch in Ordnung waren – eine Umsatzrendite von 30 %. Es waren nur kleine Renovierungsarbeiten notwendig und ein DVT-Gerät war bereits vor Ort. Das Personal konnte übernommen werden und bei mir bleiben.

Bild: Tomek Koniezny

Daraufhin kam folgender Gedanke bei mir auf: „Wenn ich es schaffe, meinen alten Vorgesetzten Herrn G. für dieses Projekt zu gewinnen, wird es ganz bestimmt klappen." Gesagt, getan. Mein ehemaliger Vorgesetzter war zu meiner Assistenzzeit angestellter Zahnarzt und im Rückblick betrachtete ich ihn wohl durch die

Augen eines Assistenzzahnarztes. Ich dachte, Herr G. sei in dieser Region sehr bekannt, habe sich über die Jahre einen soliden Patientenstamm aufgebaut und er arbeitet und lebt derzeit in Düsseldorf. Von Düsseldorf nach Neersen fährt man antizyklisch weniger als 25 Minuten. Er ist damals bereits viele Jahre nach Willich gefahren, da wird ihn die Fahrt nach Neersen keine große Überwindung kosten. Parallel dazu wurde der Praxiskaufvertrag mit Anlageverzeichnis aufgesetzt und dann auch von beiden Parteien unterzeichnet. Die Praxis wurde gekauft, mir gelang es, Herrn G. als ärztlichen Leiter zu verpflichten, das Personal wurde übernommen und die Umsätze waren ausreichend für einen guten Start. Das Marketing war ebenfalls aufgesetzt – im Dorf braucht es vor allem gute Mund-zu-Mund-Propaganda. Gib ihm, das wird schon klappen.

Alles waren Annahmen, getrieben von Gier. Warum? Was ist passiert? Am Tag der Praxisübernahme haben alle Mitarbeitenden bis auf eine gekündigt. Die eine, die nicht gekündigt hatte, wollte die Gemeinschaftspraxis nicht mehr haben! Viele Möbel und der Steri wurden ausgetauscht. Aber wenn im Anlageverzeichnis steht: „Behandlungseinheit mit zwei Behandlungsstühlen", kann es sein, dass bei der Praxisübergabe andere Behandlungsstühle stehen. Oder der Steri, der bei der Praxisbesichtigung komplett digitalisiert war: Nach der Praxisübernahme waren die dafür benötigten Gerätschaften abgebaut und weg. Im Anlageverzeichnis sind nur der Thermo und der Steri aufgeführt und sonst nichts. Das zeigt leider nur, dass ich den Erwerb dieses Standortes nebenbei gemacht habe. Bei der Praxisübergabe war ich persönlich nicht einmal vor Ort. Ich hatte Personal gesucht und aufgebaut, also Mitarbeitende eingestellt. Vorübergehend hatte ich Personal aus meinem Standort in Willich „abgezogen".

Auf die Schnelle hatte ich dann das Team zusammen: Der ärztliche Leiter, eine Mitarbeiterin am Empfang, eine Voll- und eine

Teilzeitkraft in der Assistenz und eine Prophylaxekraft. Also personell waren wir relativ schnell solide aufgestellt für den Anfang. Es konnte richtig losgehen... Doch wir hatten kaum Patienten. Heute weiß ich warum, beziehungsweise wie die ehemaligen Inhaber das gemacht haben. Ganz einfach, die BWAs, die ich bekommen habe, waren nur von diesem konkreten Standort. Die letzten drei Jahre sind für den Kaufpreis relevant. Zahnmedizin ist ein sehr personenabhängiges Business.

Was war wahrscheinlich passiert? Wenn ich heute meinen Patienten aus Willich sage, dass ich nur noch in Neersen behandele, was wird passieren? Natürlich geht die Scheinzahl bzw. der Umsatz hoch. Das mache ich drei Jahre lang und verkaufe dann die Praxis. Zahlen gibt es nur von diesem Standort. Auf dem Papier sieht der Standort super aus. Personal wird übernommen, Praxis wird verkauft, Anlageverzeichnis egal. Am Tag der Übernahme kommt das Personal mit zurück zu meinem Standort nach Willich. Der Großteil der Patienten wandert wieder mit zurück. Denn Zahnmedizin ist, ich wiederhole, ein sehr personenabhängiges Business.

Jetzt könnte man denken, ich weiß, was zu tun ist, um Neersen loszuwerden, aber das würde ich nicht machen. Das würde ich niemandem antun. Aber die Geschichte geht noch weiter: Der ärztliche Leiter hatte sich fachlich wenig weiterentwickelt und arbeitete nicht besonders patientenorientiert, soll heißen: Du kannst keinen Patienten mit einem Lippenabszess um 17:40 Uhr nach Hause schicken und ihm sagen, dass er morgen wieder kommen soll, weil wir gleich um 18:00 Uhr schließen. Gerade wenn eine Praxis am Anfang steht, muss man die extra Meile gehen, denke ich.

Ich habe über mich selbst gelernt, dass sich unter Druck - wie bei jedem anderen Menschen auch - die Persönlichkeit verändert, bei mir jedoch oft zum Negativen. Unbewusst ließ ich meine Mitarbeitenden spüren, was ich über sie dachte oder von ihrem Arbeitseinsatz hielt. Daran arbeite ich täglich.

Das Ende vom Lied war, dass der ärztliche Leiter sich hinter meinem Rücken bei der KZV abgemeldet hat und erst danach zu mir kam, um zu kündigen. Aus meiner Sicht wäre es wünschenswert gewesen, wenn er zuerst zu mir gekommen wäre, um mir mitzuteilen, dass er zu einem bestimmten Datum kündigen würde. So hätte ich mich als Arbeitgeber darauf einstellen und neues Personal suchen können. Allein durch Personalfehler habe ich in diesem Jahr über 250.000 Euro Verlust gemacht und mich im Januar 2021 entschieden, den Standort zu schließen. Am Ende des Tages ist alles natürlich meine Schuld: Ich habe den Praxiskaufvertrag unterschrieben, hätte alle BWAs anfordern sollen, auch die vom zweiten Standort, um mögliche Abweichungen oder eine Verlagerung der Umsätze zu erkennen. Das Anlageverzeichnis hätte ich gründlich prüfen müssen, ebenso wie das Personal – sowohl den ärztlichen Leiter als auch den weiteren angestellten Zahnarzt an diesem Standort und vieles mehr.

Natürlich habe ich aus heutiger Sicht mehr Verständnis für meinen damaligen ärztlichen Leiter. Wahrscheinlich wollte er mir eins auswischen, weil ich ihn aus seiner Festanstellung in Düsseldorf herausgeholt habe und weil er sich von der Anstellung bei mir mehr versprochen hat. Mittlerweile ist viel Gras darüber gewachsen und ich hoffe, dass es ihm und seiner Familie bestens geht!

Die Geschichte mit der Gier ist jedoch noch nicht zu Ende. Wenn du ein Zahnmedizinisches Versorgungszentrum (ZMVZ) gründen möchtest, musst du einige Voraussetzungen erfüllen. Du musst gründungsberechtigt sein, das heißt, für ein ZMVZ musst du entweder Zahnarzt sein oder wenn du fachfremd bist, Anteile an einem Krankenhaus besitzen. Außerdem benötigst du die geeignete Rechtsform (In meinem Fall war das eine „Ein-Mann-GmbH" mit mir als geschäftsführendem Gesellschafter), einen Gesellschaftervertrag, einen Geschäftsführervertrag, den Praxiskaufvertrag, mindestens zwei angestellte Zahnärzte, die jeweils mindestens 20 Stunden beschäftigt sind, wobei einer davon ärztlicher Leiter ist. Des Weiteren benötigst du einen Auszug aus dem Handelsregister, korrekt ausgefüllte Anträge für die Zulassung und natürlich Räumlichkeiten mit einem Mietvertrag.

Der Mietvertrag muss mindestens drei Jahre laufen und es muss sich um einen gewerblichen Mietvertrag handeln. Was man über gewerbliche Mietverträge wissen muss: Anders als bei Mietverträgen von Privatpersonen kommst du nicht so einfach aus dem Vertrag heraus, es sei denn, du „hebst die Hand", also gehst in die Insolvenz.

Der Mietvertrag in Neersen läuft aktuell also ganz normal weiter, er ist von mir und meinem Vermieter seinerzeit auf eine Laufzeit von zehn Jahren mit weiteren Optionen festgelegt worden. Also ist Ende September 2024 „Bergfest" und die ersten fünf Jahre sind rum. Wenn man so will und es negativ hochrechnet, habe ich zusätzlich bis Ende September 2024 weitere 150.000 Euro verbrannt.

Du fragst dich jetzt vielleicht, warum ich nicht versucht habe, den Standort wiederzubeleben oder weiter zu vermieten oder ähnliches. Das habe ich versucht. Mein Vermieter ist jedoch sehr eigen und eher einfach gestrickt. Er ist davon überzeugt, dass es daran lag, dass der ärztliche Leiter ein Ausländer war und es deshalb nicht funktioniert hat, zumindest hat er es mir wortwörtlich am Telefon so gesagt.

Zwischenzeitlich beauftragte ich einen Immobilienmakler und wir fanden eine solvente Internistin, die diesen Standort gerne erwerben wollte. Mein Vermieter wollte jedoch unbedingt, dass dort wieder eine Zahnarztpraxis eröffnet wird und hat die Internistin abgelehnt. Ich habe mich mit diversen Kollegen an diesem Standort getroffen und immer klar und ehrlich gesagt, was hier passiert ist. Für viele potenzielle Interessenten ist diese Praxis reine Zeitverschwendung und das sage ich denen dann auch direkt. Wenn sie sich nicht im Vorfeld mit der Rechtsform auseinandergesetzt haben, macht es wenig Sinn.

Es ist in dem Zusammenhang oft amüsant zu beobachten und zu hören, wie Kollegen sich aufplustern, obwohl sie keinen Plan haben. Wie dem auch sei, das letzte Mal, als ein Zahnarzt den Standort ernsthaft in Betracht zog, war das ein Kandidat meines Vermieters. Mittlerweile zeigt der Immobilienmakler immer zuerst den Standort und wenn ernsthaftes Interesse besteht und der Vermieter nicht abgeneigt ist, komme ich dann im Verlauf hinzu. Das mag vielleicht arrogant klingen, ist aber für mich sonst oft nur Zeitverschwendung.

Zurück zu dem Kandidaten meines Vermieters: Es handelte sich um einen Zahnarzt aus der Umgebung, der aus seiner Praxis raus musste, weil sein Mietvertrag auslief und er keine Verlängerung erhielt. Grundsätzlich hat alles gepasst. Wir haben uns mehrfach in der Praxis getroffen und beim letzten Treffen haben wir uns im Beisein des Immobilienmaklers auf einen Kaufpreis geeinigt und uns die Hände gegeben.

Bild: Tomek Koniezny

Der Übernahmetermin sollte der 01.01.2023 sein, aber es gab Probleme mit der Bonität des potenziellen Mieters. Mein Vermieter wollte, dass ich zwei Jahre lang für den neuen Mieter bürgen würde, was bedeutet, dass ich die Miete übernehmen müsste, falls der neue Mieter diese nicht zahlen kann. Ich brauchte ein paar Tage, um darüber nachzudenken. Letztendlich sah ich es als Win-Win-Situation und stimmte zu. Warum? Egal was passieren würde, ich wäre nach zwei Jahren aus dem Mietvertrag heraus.

Also, let's go!

Jedoch rief mich mein Immobilienmakler zu einem späteren Zeitpunkt an und teilte mir mit, dass der neue Mieter nicht zum 01.01.2023, sondern erst zum 01.04.2023 oder eventuell sogar zum 01.06.2023 übernehmen würde. Es gab angeblich Probleme bei der Finanzierung und er wollte noch einmal verhandeln. Ich habe daraufhin noch einmal mit dem potenziellen Mieter telefoniert. Er erklärte mir Folgendes: „Mein alter Bankberater berät jetzt nur noch MVZs und mit dem neuen Bankberater ist es derzeit etwas schwierig. Er hat wenig Zeit für mich und die Finanzierung wird noch etwas dauern. Zudem konnte ich bisher keine Handwerker organisieren. Außerdem möchte ich noch einmal über den Kaufpreis verhandeln – dieser ist zu hoch!"

Grundsätzlich: Hätte der potenzielle Mieter mich angerufen und mir mitgeteilt, dass es Finanzierungsprobleme gibt und er noch keine Handwerker engagieren konnte, hätten wir sicherlich eine Lösung finden können. Es gibt immer eine Lösung! Aber das Nachverhandeln...

„Sehr geehrter Herr Kollege", antwortete ich ihm. „Wir waren uns doch im Beisein meines Immobilienmaklers über den Kaufpreis einig und haben uns die Hände gereicht und jetzt können Sie sich nicht mehr daran erinnern? Für jemanden, der sein Wort nicht hält, bürge ich nicht!" Dann habe ich aufgelegt.

Rückblickend wäre es vielleicht klüger gewesen, einfach nichts zu sagen und es durchzuziehen, aber mir geht es ums Prinzip.

Aktuell (März 2024) steht mein Vermieter laut meines Immobilienmaklers in Verhandlungen mit einem Versicherungsmakler, der die Räumlichkeiten anmieten möchte. Mein Vermieter ist nicht besonders glücklich darüber, dass die Immobilie nicht „bespielt" wird — ach, interessant, eine Internistin war ihm nicht gut genug und heute ist ihm praktisch egal, wer da rein geht...

Ich habe grundsätzlich nichts dagegen, aber werde mir zukünftig erst konkret Gedanken darüber machen, wenn mir etwas Schriftliches vorliegt. Dann kann ich immer noch entscheiden, ob ich zusage oder ablehne. Ich habe ja noch fünf Jahre Zeit...

Das ist aber auch noch nicht die komplette Geschichte hinter der Gier. Die folgt jetzt:

Im Oktober 2021 habe ich über den besagten Makler einen weiteren Standort in Bedburg erworben, etwa zwölf Autominuten von meinem Standort in Bergheim entfernt. Das Geschäftskonzept ist im Grunde immer gleich: Eine Praxis günstig erwerben (idealerweise ist diese räumlich erweiterungsfähig), modernisieren und das Leistungsspektrum nach zentraler Vorgabe erweitern. Auf das *Warum* und das *Wie* komme ich später im Verlauf noch einmal zurück.

Die Räumlichkeiten in Bedburg erfüllten alle meine Anforderungen und sowohl die Praxisübernahme als auch die Renovierungen erfolgten im Oktober 2020. Die notwendigen Unterlagen wurden entsprechend eingereicht und die Zulassung wurde erteilt. Mit meiner Vermieterin habe ich den folgenden gewerblichen Mietvertrag vereinbart: Das Mietverhältnis begann am 01.10.2020 und endet am 30.09.2021 - ja, du hast richtig gelesen! Der Mietvertrag kann zum Ablauf dieser Mietzeit (bezogen auf das Monatsende) mit einer Frist von sechs Monaten gekündigt werden. Erfolgt keine fristgerechte Kündigung, verlängert er sich jeweils um weitere drei Jahre. Aus heutiger Sicht ist diese Form ein bisschen waghalsig, aber aus meiner damaligen Sicht absolut nachvollziehbar.

Die Praxis liegt in der ersten Etage, darunter im Erdgeschoss ist eine Anwaltskanzlei. Warum erzähle ich das hier? Weil meine Vermieterin das erste Mal im Februar 2023 an mich herangetreten ist und äußerte, dass das Gebäude, in dem sich die Praxis von Zahnärzte Bedburg befindet, keinen Versicherungsschutz mehr aufweist. In der Vergangenheit seien zu häufig Wasserschäden aufgetreten und die Versicherung hat der Vermieterin deshalb gekündigt. Ich erinnere mich, dass seit Praxisübernahme lediglich zwei relativ überschaubare Wasserschäden aufgetreten sind, einmal in Behandlungszimmer vier und einmal im Wartezimmer. Beide Male haben „meine Jungs" die Schäden so vorbereitet, dass das von meiner Vermieterin beauftragte Gewerk diese schnell beheben konnte. Wie sah das praktisch aus? Der Bodenbelag wurde entfernt, die Leckage wurde dargestellt (also die Rohre freigestemmt), dann wurde gewartet, bis das Gewerk fertig war: Der Estrich gegossen, trocknen gelassen, ein neuer Bodenbelag drauf, fertig. Warum „meine Jungs" das entsprechend vor- und nachbereitet haben? Weil ich den Praxisbetrieb dadurch zu jederzeit aufrechterhalten konnte - Win-Win-Situation.

Ende November 2022 trat meine Vermieterin an mich heran – genauer gesagt, wie so oft, ihr Sohn – mit der Nachricht, dass zum einen kein Versicherungsschutz vorliegt und zum anderen die Rohre saniert werden müssen. Dafür müsste ich die Praxis schließen. Das Erste, was vereinbart wurde, war, dass ein Handwerksunternehmen einen Kostenvoranschlag einreicht. Den Kostenvoranschlag habe ich am 29.11.2022 von einer Firma erhalten, die seit vielen Jahren mit der Familie meiner Vermieterin zusammenarbeitet. Auf der letzten Seite, unter der Position 020, wurden „80 Std. Arbeitszeit Helfer/Auszubildender montieren" zum Einzelpreis von je 30 Euro, also insgesamt 2.400

Euro, angegeben. Als ich den Kostenvoranschlag durchgesehen habe, habe ich sofort meinen Anwalt eingeschaltet. Meine Interpretation war: „Für die komplette Sanierung sind 14 Tage angesetzt, und sie wollen mit zwei Mann kommen, von denen einer höchstwahrscheinlich ein Azubi ist. Was können wir da machen?" Rein rechtlich gesehen muss ich meiner Vermieterin die Möglichkeit geben, die Rohre in meiner Praxis zu sanieren. Das liegt natürlich auch in meinem eigenen Interesse – aber doch nicht auf diese Art und Weise, dachte ich mir. Wenn die mit anderthalb Mann hier aufschlagen, dauert das garantiert länger als 14 Tage und im schlimmsten Fall sogar noch viel länger. Da bei dieser Arbeit der gesamte Betrieb geschlossen werden musste, bin ich zu Chris, meinem Handwerker des Vertrauens, gegangen und habe ihn gefragt, ob seine Leute das übernehmen könnten.

Zwischenzeitlich gab es noch den einen oder anderen Anruf von meiner Vermieterin bzw. von ihrem Sohn, sodass sich die Fronten weiter verhärteten.

Zum Beispiel erfuhr ich, dass meine Vermieterin die Immobilie veräußern möchte. Als ich sie diesbezüglich anrief, teilte sie mir mit, dass sie nicht mit mir sprechen werde und ich mich an den Immobilienmakler wenden sollte. Nach kurzer Recherche konnte ich einen Herrn Nico von der Sparkasse ausfindig machen, der mir die Konditionen der Praxisimmobilie mitteilte - diese lagen beim 2,5-Fachen des Marktwerts.

Also, die Fronten waren zu dem Zeitpunkt - wie bereits erwähnt - so verhärtet, dass die Korrespondenz nur noch über unsere Anwälte lief. Zwischenzeitlich traf auch das Feedback von Chris und den Jungs ein. Mein Plan war es, meiner Vermieterin den Kostenvoranschlag von Chris vorzulegen und falls der Betrag eine starke Differenz zum Kostenvoranschlag ihrer Firma aufweisen würde, war ich bereit den Differenzbetrag übernehmen. Vorteil: Ich hätte die Praxis nicht schließen müssen, da ein zimmerweises Vorgehen und Arbeiten an den Wochenenden möglich wären. Also, auch hier wieder eine Win-Win-Situation für alle: Meine Vermieterin bekäme eine fachgerechte und ordnungsgemäße Sanierung, Chris und sein Team einen großen Auftrag und ich müsste die Praxis nicht unbedingt schließen.

Aber Pustekuchen! Chris und sein Team wollten den Auftrag nicht übernehmen, und weitere Angebote kamen ebenfalls nicht zustande. Der Grund: Im Erdgeschoss befindet sich, wie bereits erwähnt, eine Anwaltskanzlei. Verständlicherweise möchte sich niemand mit einem Anwalt anlegen, falls – aus welchem Grund auch immer – etwas schiefgeht.

Nach unseren Recherchen wäre es am einfachsten gewesen, durch die abgehängte Decke der Anwaltskanzlei Zugang zu den sanierungsbedürftigen Wasserleitungen zu schaffen, anstatt den Boden der gesamten Praxis aufzureißen – aber langer Rede, kurzer Sinn: Im Jahr 2023 geriet dieses Thema ein wenig in den Hintergrund. Beide Parteien äußerten sich nicht wirklich dazu, bis wir uns nach etlichen Terminvorschlägen unsererseits auf ein Treffen in der Praxis am 02.02.2024 einigen konnten, bei dem auch die Anwälte beider Seiten anwesend sein sollten. Dieser Termin wurde jedoch von der Gegenseite abgesagt. Einen Ausweichtermin zu finden war schwierig, da die Gegenseite sich offenbar noch auf den Karneval konzentrieren musste. Schließlich fand ein Treffen statt – mit der Vermieterin, ihrem Anwalt, ihrem Sohn und dem Handwerksunternehmen. Leider habe ich diesen Termin verpasst, da ich gerade in einer Behandlung war. Meine

Praxismanagerin rief mich an und fragte, wo ich bleibe. Ich hätte in 45 Minuten vor Ort sein können, wenn ich sofort losgefahren wäre, doch das passte der Vermieterin nicht. Wir versuchten daraufhin, per Facetime zu kommunizieren, doch die Verbindung war teilweise sehr schlecht. Nach unserem gescheiterten Videotelefonat soll meine Vermieterin in der Praxis ausgerastet sein und im laufenden Betrieb herumgeschrien haben. Noch skurriler war jedoch die Reaktion ihres Sohnes, der plötzlich in der Praxis anfing zu weinen. Eigentlich ist das nicht lustig – aber irgendwie auch völlig absurd.

Bild: Tomek Koniezny

Zwei Tage später, an einem Donnerstag im März 2024, traf ich mich mit einem Mitarbeiter der Firma, die die Vermieterin vorgeschlagen hatte, weil ich natürlich den genauen Plan wissen wollte, bevor ich meine Praxis auf unbestimmte Zeit schließen musste. Herr K. berichtete mir, dass der Plan wie folgt aussah: Am einfachsten wäre es, wenn wir die Rohre von der Anwaltskanzlei aus über die Decke sanieren würden. Aber die Eigentümerin Frau O. will das auf gar keinen Fall, meine Vermieterin und die Eigentümerin des Erdgeschosses werden sich nicht einig.

Für mein Verständnis ist die Remote-Lösung für eine Anwaltskanzlei eine andere als für eine Zahnarztpraxis, oder? Der Anwalt kann aus meiner Sicht seine Arbeit eher ortsunabhängig durchführen als der Zahnarzt. Die meisten selbstständigen Personen haben die Möglichkeit, einen Büroplatz zu Hause einzurichten, Telefone kann man entsprechend umleiten, Termine bei Gericht oder Treffen mit Mandanten können auch von zu Hause aus stattfinden usw. Das Handwerk der Zahnmedizin von Remote auszuüben bzw. zu den Patienten rauszufahren ist in manchen seltenen Fällen möglich, aber grundsätzlich schwierig. Um ein entsprechendes Fahrzeug zu beschaffen, welches man auf den Praxisparkplatz stellt und von dem aus man behandelt, hätte ich mich dann im Verlauf gekümmert. Das wäre auf jeden Fall eine interessante Lösung gewesen und hätte wahrscheinlich auch Aufsehen erregt.

Ich hatte das gegenüber von meiner Praxis in Willich Schiefbahn beobachten können. Der Verkaufsraum der Metzgerei, wo ich seit 2011, besonders in meiner Assistenzzeit, Schweineköpfe holen durfte, um Operationen zu üben, ist letztes Jahr abgebrannt. Was hat der Besitzer gemacht? Er hat sich einen entsprechenden Anhänger besorgt, diesen vor der Metzgerei platziert und aus dem Anhänger heraus weiter sein Geschäft betrieben. Geht ja auch nicht anders, er hat Verantwortlichkeiten nicht nur seinen Geschäftspartnern, sondern in erster Linie seinen Mitarbeitenden gegenüber. Also hätte ich mir auch so einen „LKW" besorgt.

Zurück zum Treffen mit Herrn K.: Also, der Plan, die Sanierung von der unteren Etage aus durchzuführen, wurde abgelehnt. Der aktualisierte Plan war nun wie folgt: Herr K. will durch die gesamte Praxis Kabelkanäle legen, vom Wartezimmer aus durch jedes Behandlungszimmer, durch den Steri, durch den Röntgenraum, durch das kleine Labor, durch die Patienten- und Mitarbeitendentoilette, durch den Aufenthaltsraum und quer durch den Empfang. Um das umzusetzen, müssen alle Gerätschaften außer dem DVT-Gerät und dem Zahnfilmgerät abgebaut werden. Sämtliche Unterschränke müssten entsprechend des Kabelkanals eingekürzt werden, auch der ganze Steri. Praktisch muss ein Depot kommen, die Behandlungseinheiten, die Unterschränke und alles Weitere abbauen und dann muss ein Unternehmen gefunden werden, das die Holz- und Metallunterschränke einkürzt. Im Nebensatz erwähnte Herr K. dann noch, dass die Vermieterin selbstverständlich einen Versicherungsschutz hat, dieser vielleicht etwas kostspielig ist, aber definitiv vorliegt. Interessant. Jedenfalls sind wir so verblieben, dass ich mich mit der entsprechenden Behörde in Rücksprache halte, ob ein Kabelkanal ohne Weiteres im Steri verbaut werden kann und ob es in Ordnung ist, wenn der Thermo entsprechend dem Kabelkanal „raussteht". Nach Rücksprache mit meinem Anwalt sollte ich mir von einem Depot und einem Schreiner Kostenvoranschläge einholen und dieser Betrag müsste von meiner Vermieterin im Vorfeld auf ein zu nennendes Konto als Sicherheit hinterlegt werden. Zwischenzeitlich kam ein Anwaltsschreiben der Gegenpartei, dass diese den Mietvertrag ordentlich mit einer Kündigungsfrist von sechs Monaten zum Ende September 2024 kündigt und ob wir etwas dagegen hätten.

Ich denke, die wollten Druck aufbauen. Wir hatten keine Einwände, also kam die Kündigung per Post am 13.03.2024. Mit was für „bekloppten" Leuten ich hier zu tun habe, zeigt der Briefkopf:

Dr. Tandon GmbH, Hochstr. 12, 47877 Willich.

Als Einschreiben mit Rückschein. Warum das „bekloppt" ist? Weil da nicht mal der Vermerk „persönlich" bzw. „vertraulich" draufstand. Nur eine Sache ist ja wohl schneller als das Licht oder? Richtig, Gerüchte. Es sollte doch bitte mir selbst überlassen sein, wann ich meine Mitarbeitenden über so etwas informiere. Der Brief wurde natürlich von meinen Mitarbeitenden geöffnet, was nicht hätte passieren sollen. Dieses Thema wurde selbstverständlich von mir im Vorfeld und permanent offen kommuniziert, aber zeigt doch trotzdem nur eine Sache: Mach keine Geschäfte mit solchen Leuten.

Soviel zur Gier und ihren Konsequenzen. Es ist das gute Recht meiner Vermieterin, meinen gewerblichen Mietvertrag zu kündigen. Aber was wäre, wenn ich nicht einen zusätzlichen Standort in Bergheim hätte? Dann hätte ich 13 Leute auf die Straße setzen müssen, nicht unbedingt wegen meiner Vermieterin, sondern wegen meiner Gier und meinen Erfahrungen daraus. Wir werden den Standort zum Ende des zweiten Quartals schließen und mit der gesamten Mannschaft nach Bergheim ziehen. Glücklicherweise können wir noch bis zu vier weitere Behandlungszimmer ausbauen, also unter Umständen werde ich in ein paar Jahren sagen können, dass es gut war, dass das passiert ist. Ob das der Fall sein wird, bleibt abzuwarten. Im dritten Quartal werden wir die Räumlichkeiten zurückbauen und nur noch die Anmeldung bleibt eine Zeitlang vor Ort besetzt, um die Patienten, die in der Praxis aufschlagen, zu informieren und umzuleiten.

Wenn alles gut läuft, können wir den Großteil des Patientenstamms umleiten und halten. Unsere Opportunitätskosten würden sinken und wir machen somit das Beste aus der Situation.
In der Zwischenzeit werde ich marketingmäßig die Situation
komplett ausschlachten, weil es einen deutlichen Unterschied
macht, ob man missgewirtschaftet hat oder ob man gekündigt
wurde, besonders in einer kleinen Ortschaft. Also werde ich Aktionen online und offline schalten, wie zum Beispiel: „Obwohl
unsere Vermieterin unsere Praxisräumlichkeiten gekündigt hat,
wünschen wir ihr alles Gute für ihre Zukunft" oder „Unsere
ehemalige Vermieterin ist auf der Suche nach einem neuen Zahnarzt" oder „Glücklicherweise haben wir nur neun Minuten von
hier einen weiteren Standort" usw...

Meine Learnings:

- Sei nicht gierig!

- Investiere immer mit einem Blick auf die nächsten zehn Jahre.

- Fotografiere das Praxisinventar und vergleiche die Fotos mit dem Anlageverzeichnis.

- Vergleiche die Fotos mit dem Inventar und überprüfe das Anlageverzeichnis sorgfältig.

- Behalte immer im Hinterkopf, dass die Zahnmedizin ein sehr personenabhängiges Geschäft ist.

- Kaufe eine Praxis aus einer Gemeinschaftspraxis nur dann, wenn du selbst am Standort aktiv tätig bist, um sie aufzubauen (ca. zwei bis drei Jahre).

- Mach die Probleme anderer nicht zu deinen eigenen Problemen.

- Führe keine Geschäfte mit „bekloppten" Leuten.

- Schließe nicht von dir auf andere: Nur weil du dich fachlich weiterentwickelst, bedeutet das nicht, dass deine Bekannten das auch tun.

Fotografie Tomek Koniezny

Naiv sein und Invest in mich selbst

Marek kenne ich, seit ich 13 Jahre alt bin, aus meinem Geburtsort Lüdenscheid. Wir trafen uns zum ersten Mal auf dem Basketballfeld an der belgischen Kaserne am Buckesfeld. Marek ist drei oder vier Jahre älter als ich und wir wurden Freunde. Eine Verbindung, die bis heute besteht. Beide sind wir im Lüdenscheider Musikerviertel groß geworden - er in der Beethovenstraße und ich, sowie Marius auch, in der Flotowstraße. Wir verabredeten uns regelmäßig vor der Schule um 6 Uhr morgens zum Laufen und haben bereits zweimal gemeinsam an einem Marathon teilgenommen.

Eine Sache, die uns verband, zeigte sich jedoch erst später: Marek wollte ebenso wie ich Zahnarzt werden, hatte aber nie darüber gesprochen - weder öffentlich noch in meiner Gegenwart. Zunächst lernte Marek Krankenpfleger, holte dann sein Abitur nach und wir studierten gemeinsam an der Universität zu Köln ein Semester Chemie, bevor er zum weiteren Studium nach Krakau zog, wo er übrigens gemeinsam mit Marcin Krupinski studierte.

Marek ist seit 2017 mit seiner eigenen Praxis im Rheinland-Pfälzischen Weyerbusch niedergelassen, davor waren wir zusammen an einer anderen Praxis interessiert. Im zweiten Quartal 2016 rief Marek mich an und lud mich ein, mit ihm zusammen eine Praxis in Brauweiler bei Köln zu besichtigen. Der damalige Praxisinhaber, Dr. Voll, plante den Verkauf seiner Praxis, war damals Mitte 60 und machte einen fitten Eindruck. Er führte eine Praxis mit zehn Behandlungszimmern und einem Eigenlabor.

Nachdem wir die betriebswirtschaftlichen Auswertungen der letzten Jahre erhalten hatten und er ungefähr eine Millionen Euro verlangte, tauschten wir Handynummern aus und bekundeten unser Interesse. Letztendlich entschied sich Dr. Voll jedoch gegen uns mit der Begründung, dass wir „zu grün hinter den Ohren" seien und verkaufte die Praxis an zwei ältere und erfahrenere Kollegen.

Soweit zur Vorgeschichte. Marek und ich blieben lose in Kontakt und wenn ich zum Beispiel Fragen zu einem Finanzberater hatte, sagte er mir Folgendes:

„Frag ihn, ob er ein Multimillionär ist! Wenn ja, dann weiß er, wie es geht. Wenn nicht, ist es Zeitverschwendung!"

Aus damaliger wie auch aus heutiger Sicht war das absolut die richtige Frage. Bezogen auf den konkreten Finanzberater: Natürlich war er kein Multimillionär, also war das Thema dann auch schnell erledigt.

Dr. Voll war gut vernetzt, gab mir den einen oder anderen Tipp und wir standen hin und wieder in Kontakt. Ende 2018, also zwei Jahre nachdem wir uns kennengelernt hatten, änderte sich das stark. Dr. Voll brachte die Idee auf, dass er über den Vermittler eines Depots eine Praxis in Bergheim an der Hand habe. Die beiden waren miteinander befreundet, was ich zu dem Zeitpunkt jedoch nicht wusste. „Hör mal, ich habe diese Praxis in Bergheim in Aussicht. Was hältst du davon, wenn du sie kaufst und ich dort als ärztlicher Leiter arbeite?" Ich sagte: „Geil, dann kann ich viel von dir lernen!" Gesagt, getan - wie du inzwischen weißt, setze ich bereits oft um, bevor ich darüber nachdenke. Zu diesem Zeitpunkt war Dr. Voll für mich so etwas wie ein Mentor und Vorbild. Ich wollte viel von ihm lernen und das tat ich auch - wenn auch nicht direkt von ihm, sondern durch ihn. Doch dazu später mehr.

Fotografie Tomek Koniezny

Ich dachte mir, mit Dr. Voll im Rücken wäre das Investment von ca. 300.000 Euro eine sichere Nummer. Er schlug folgende Rechtsform vor: Eine MVZ GmbH. Das bedeutet, ich gründe, wie schon beschrieben, eine Ein-Mann-GmbH als geschäftsführender Gesellschafter und stelle neben ihm noch einen weiteren Zahnarzt an. Wir haben lange nach einem geeigneten Anwalt für Medizinrecht zwischen Düsseldorf und Bonn gesucht. Wohlgemerkt, es war das Jahr 2018. Wir waren dann tatsächlich erfolgreich und haben einen Fachanwalt für Medizinrecht gefunden, der gesagt hat, dass das geht - und das war Herr Jahn, Fachanwalt für Medizinrecht bei michels.pmks in Köln. Er hat das Ganze rechtlich sauber umgesetzt. Seitdem arbeite ich mit Herrn Jahn bei sämtlichen Rechtsfragen zusammen bzw. er empfiehlt mir geprüfte Kollegen wie zum Beispiel Herrn Schmitte von Schmitte & Partner, der Fachanwalt für Medizinrecht und Arbeitsrecht ist.

Alle Verträge bezüglich der GmbH, also Urkunden, Dienstverträge, Gesellschafterverträge, der Geschäftsführervertrag, der Praxiskaufvertrag usw. stammen von Herrn Jahn. Anträge auf Zulassung bei der Kassenzahnärztlichen Vereinigung werden vorab geprüft und zum Teil auch eingereicht. Warum nur zum Teil? Irgendwann ist das keine Aufgabe mehr, sondern ein Prozess. Wenn es zeitlich knapp wurde, hat der Rechtsanwalt Herr Jahn die Anträge immer zeitnah geprüft und eingereicht. Ich kann die Rechtsanwälte Herrn Jahn und Herrn Schmitt uneingeschränkt empfehlen!

Also, die rechtlichen Voraussetzungen wurden ordnungsgemäß und rechtzeitig erfüllt. Für die Zulassung eines MVZ bei der KZV Nordrhein müssen die notwendigen Unterlagen zwei Monate vor der Sitzung des Zulassungsausschusses eingereicht werden. Das bedeutet, dass die Sitzung in der Regel gegen Ende eines Quartals stattfindet, sodass wir die Unterlagen im Januar 2019 eingereicht haben mussten. Das heißt, sämtliche Unterlagen müssen drei Monate vorher fertig sein, weil ein MVZ immer nur zum Quartalsbeginn zugelassen wird.

Meine Learnings:

- Suche solange, bis du jemanden findest, der das umsetzt, was du dir vorgenommen hast.

- Du brauchst ein Expertennetzwerk, das in deinem Interesse handelt.

Fotografie Tomek Koniezny

In Rente gehen heißt nicht in Rente gehen

Was Dr. Voll im Zeitraum vom Verkauf seiner Praxis im Sommer 2016 bis Juni 2018 beruflich gemacht hat, kann ich nicht sagen und geht mich auch nichts an, aber ab diesem Zeitpunkt schon. Wobei ich mich erinnere, dass er nach dem Verkauf seiner Praxis ebenfalls dort ins Anstellungsverhältnis gegangen ist, aber dort auch wieder gekündigt hat. Das Phänomen beobachtet man ja oft, dass es nicht einfach ist, sich nach all den beruflichen Erlebnissen als selbstständiger Zahnarzt noch einmal jemandem unterzuordnen. Dr. Volls Frau hatte eine Praxis in Köln Weiden, welche sie im Juli 2018 an ihren Nachfolger verkauft hatte. Es ist üblich, die ehemalige Inhaberin oder den Inhaber eine Zeit lang als Zahnarzt anzustellen, um den immateriellen Wert - sprich den Patientenstamm - zu sichern. Somit war Frau Dr. Voll genauso im Anstellungsverhältnis wie ihr Mann. Der musste die Praxis, in der er angestellt war, verlassen bzw. wurde gebeten, die Praxis zu verlassen. Und dann kam ich ins Spiel. Der Freund von Dr. Voll kam mit der Praxis in Bergheim um die Ecke und Dr. Voll kam damit dann zu mir. Dass der Inhaber der Praxis in Bergheim der Vater des neuen Inhabers der ehemaligen Praxis von Frau Dr. Voll in Weiden ist, habe ich erst später im Verlauf erfahren. Warum Dr. Voll mich gebeten hat, dem Verkäufer nicht zu sagen, wer den ärztlichen Leiter macht, hatte ich dann doch gecheckt und es dem Verkäufer am Tag der geplanten Unterschrift des Praxiskaufvertrages mitgeteilt. Er hat trotzdem unterschrieben.

Die Praxisübernahme hat geklappt und glücklicherweise wurden zusätzliche Räumlichkeiten auf derselben Etage frei. Ich glaube, vorher war eine Anwaltskanzlei in den benachbarten Räumlichkeiten. So konnte ich mit der Renovierung der zusätzlichen Räume in Bergheim beginnen. Die Arbeitsverträge wurden übernommen und die Zulassung wurde bereits verhandelt und eingereicht. Dr. Voll wollte 10.000 Euro für zweieinhalb Tage Arbeit - explizit ohne Umsatzbeteiligung und er wollte auch explizit nicht mehr als die vereinbarten zweieinhalb Tage arbeiten.

In dieser Phase, genauer gesagt am 17.12.2018, hatte ich das erste Mal seit längerer Zeit wieder Kontakt zu Ramin - seinerzeit über Facebook. Ramin habe ich eines Tages im Hauptgebäude der Universität zu Köln getroffen, ich weiß heute gar nicht mehr warum ich dort war. Als Zahnmedizinstudent hat man in der Regel eher selten was im Hauptgebäude zu suchen, wahrscheinlich handelte es sich um irgendetwas wegen einer Formalität. Auf jeden Fall meine ich mich erinnern zu können, dass wir uns das erste Mal im Hauptgebäude getroffen haben. Stabiler Typ, groß, voll aufgepumpt und warum auch immer sind wir ins Gespräch gekommen. Das muss so in 2006 oder 2007 gewesen sein, er kam ursprünglich aus Delmenhorst, fuhr einen siebener BMW (als BWL-Student) und hat mehrere Sonnenbänke - zumindest war das seine Antwort auf die Frage, wie er sich das alles eigentlich leisten könne. Ich war gerne mit ihm zusammen und das bis heute. Das erste und letzte Mal Boxtraining war mit Ramin. Wie das halt so ist, lässt man sich dann irgendwann mal überreden mitzugehen, dann - wie soll es auch anders sein - bekommt man eins richtig gegen die Nase, es folgt krasses Nasenbluten und daraufhin bin ich nie wieder beim Boxen gewesen. Wir haben in der Phase bis etwa 2010 viel unternommen und hingen oft ab. Bis 2018 haben wir uns aus den Augen verloren.

Was war bei ihm in der Zeit passiert? Ramin hat sein BWL-Studium abgeschlossen und ist für seine Doktorarbeit nach Frankfurt gegangen, hat dort wohl auch im Finanzbereich bei der ein oder anderen Bank gearbeitet und ist dann in den Iran gegangen. Ich denke das war um 2013 rum wo er im Iran eine Firma gegründet hat. Es handelte sich um ein E-Commerce-Marktplatz-Startup. Es war das erste und größte Unternehmen der Iran Internet Group (IIG), unterstützt von der MTN Group. Weitere IIG-Unternehmen sind unter anderem Snapp, Snappfood, Snapptrip und Zoodrom. Schnell kamen weitere Finanzstarke Partner als Investoren hinzu. Also im Grunde hat Ramin Amazon, Lieferando, Trivago und Uber im Iran kopiert und groß gemacht, teilweise seine, in der Spitze bis zu 1.500 Mitarbeitende in Dubai geschult und dann die Besten im Iran eingesetzt. Weil die politische Lage sich jedoch zuspitzte, hat er die meisten seiner Anteile 2018 verkauft und fummelt seitdem weiter an Startups.

Wie gesagt, Ende 2018, Anfang 2019 hatten wir wieder engeren Kontakt. Zum Einen, weil wir uns gut verstehen und Freunde sind, zum Anderen war der Gesundheitsmarkt sehr interessant für Ramin. Ramin hatte eine neue Nebenbeschäftigung, den Gesundheitsmarkt zu analysieren bzw. zu verstehen, wie das Business der Zahnmedizin läuft und deren Prozesse aufzuarbeiten und Verbesserungspotenziale herauszuarbeiten. Parallel dazu hat er eine Menge Geld anderer Leute in Berlin verwaltet und investiert.

Auf jeden Fall war es naheliegend, Ramin anzubieten, dass er meine neu gegründete Firma betriebswirtschaftlich untersucht, weil wir zu dem Zeitpunkt weit von der Wirtschaftlichkeit entfernt waren. Aus heutiger Sicht und mit Abstand ist so etwas glasklar: Die meisten Unternehmen sind nicht darauf ausgerichtet, schwarze Zahlen zu schreiben, sondern leben von der Idee und der Vision, eines Tages richtig schwarze Zahlen zu schreiben. Auf dem Weg dorthin werden diese Firmen durch Fremdkapital weiter aufgebaut und wenn möglich an größere Investoren weiterverkauft. Wir alle haben das Beschriebene ja im Gesundheitsmarkt erlebt. Plötzlich haben Investoren, teilweise mit einem Vielfachen von 10 Zahnarztpraxen eingekauft, weil „Zahnarztpraxen sich auch in Krisenzeiten als wirtschaftlich robust erweisen". Derzeitige Trends sind fachübergreifende Versorgungskonzepte durch Digitalisierung, Telematik, Kooperationen und Vernetzung, die versuchen, den an weiteren Erkrankungen leidenden Patienten weiter zu therapieren, was aus wirtschaftlicher Sicht und auch hinsichtlich der Versorgungsqualität interessant ist.

Zurück zu Dr. Voll. Dieser hat innerhalb seiner Probezeit gekündigt. Das wiederum hatte hauptsächlich zwei Gründe: Der erste Grund ist folgender: Ich habe lange nach einer passenden Metapher gesucht, aber er war schwer zu greifen, wie ein Aal, der sich ständig dreht und windet. Aber Ramin hat ihn gepackt und nicht mehr losgelassen.

Fotografie Tomek Koniezny

Der zweite Grund ist noch viel krasser und wenn ich das im Vorfeld gewusst hätte, wäre wahrscheinlich vieles in meinem Berufsleben anders verlaufen und ich würde dieses Buch hier vielleicht nicht schreiben, weil ich wahrscheinlich viel weniger zu erzählen hätte. Dr. Voll hat mich nur zur Überbrückung ausgenutzt, weil er in Österreich zusammen mit seiner Frau etwas Neues gegründet hat. Das lief alles parallel. Wenn ich das von vornherein gewusst hätte, hätte ich das Ganze wahrscheinlich nie angestoßen oder gemacht.

„Es ist wichtig zu beachten, dass Intelligenz und Naivität zwei separate Konzepte sind. Intelligenz bezieht sich auf die Fähigkeit einer Person , Informationen zu verstehen, zu verarbeiten und anzuwenden, während Naivität auf mangelnde Erfahrung, Unsicherheit oder mangelndes Wissen in bestimmten Bereichen hinweist"
https://de.quora.com/Sind-überdurchschnittlich-intelligente-Menschen-naiv

Ich will meine Naivität jetzt nicht schönreden, aber wenn schlechte Ergebnisse der Preis für Erfahrungen sind, dann ist die oben beschriebene Naivität der Booster für Erfahrungen. Somit ist Naivität das Beste, was einem charakterstarken und arbeitswilligen Menschen passieren kann, weil er immer einen Weg finden wird, um nicht „unterzugehen", abgesehen von Schicksalsschlägen und höherer Gewalt, die man selbst nicht beeinflussen konnte.

Wir haben mittwochs immer Röntgen-Visite zwischen acht und neun Uhr morgens. Die Zahnärzte all meiner Praxen treffen sich überregional online im Zoom-Meeting und wir besprechen alle gemachten Röntgenbilder, Fotos, Konfliktmanagementereignisse, Engpässe - eben alles, was gerade im Kollektiv zu besprechen ist. Das ist grundsätzlich ein netter kollegialer Austausch, dient mir aber zusätzlich als Werkzeug des Qualitätsmanagements und der Einarbeitung sowie der Weiterentwicklung meiner angestellten Ärzte. Dabei erkennen wir Stärken und Schwächen und fördern gezielt. Die Form der Mitarbeitendenentwicklung kann ich selbst beeinflussen und Defizite kann ich nicht tolerieren, zumindest nicht auf Dauer. Bei der Röntgenvisite geht es also vorrangig darum Behandlungsbedarf zu erkennen, zu vergrößern und zu decken.

Aber wenn ich beispielsweise pünktlich vor der KITA stehe, um meine Tochter abzugeben und die Erzieherin zu spät kommt, weil sie im Stau steht, kann ich es nicht ändern, dass ich zur Röntgenvisite zu spät kommen werde. Auch wenn es mich tierisch wurmt. Dinge, die man selbst nicht beeinflussen kann, muss man akzeptieren, aber für alles andere trage ich selbst die Verantwortung.

Meine Learnings:

- Prüfe den Werdegang und die Zusammenhänge in deinem beruflichen Umfeld.

- Im Geschäft muss Blut nicht dicker als Wasser sein.

- Lass dich nicht als Überbrückung ausnutzen.

- Naivität kann ein Booster für Erfahrungen sein, wenn die Person charakterstark und arbeitswillig bleibt.

Was dein Umfeld mit dir macht und was du über dein Umfeld wissen musst

Ich bin eine moderate Lerche, das bedeutet, ich stehe in der Regel unter der Woche zwischen vier Uhr und halb fünf auf, manchmal früher, manchmal später. Das ist nicht krass, das ist einfach Gewohnheit - nichts anderes. Und ich gehe früh ins Bett, spätestens gegen 21 Uhr. Das Verhältnis ist immer gleich: Menschen, die erst um Mitternacht schlafen gehen, stehen meistens nicht vor sechs oder sieben Uhr auf. Das hat mit dem Umfeld zu tun.

Eine lange Phase habe ich, wenn ich früh aufgestanden bin, eine Menge gelesen und mir dadurch mein eigenes Umfeld geschaffen. Zusätzlich kamen über den Tag verteilt immer, wenn Zeit war, entsprechende Interviews und Ähnliches hinzu, die ich konsumiert habe. Das ist ganz praktisch, weil die „neuen Freunde" immer Zeit hatten. Aufstehen, Kaffee trinken - ich bin eine absolute Kaffeetante - und dann lesen.

Die Herausforderung an der ganzen Sache ist, wenn du nur und ausschließlich Sachbücher liest, besonders die Biografien von Unternehmern wie Reinhold Würth, Dirk Roßmann, Götz E. Werner (Gründer von DM), Richard Branson, Jack Canfield (Manager von General Electric) und zusätzlich fast jedes Interview von Dirk Kreuter und co. anschaust und jedes neu erscheinende Buch von Motivationscoaches liest, dann macht das etwas mit dir. Ich sitze gerade in meinem Büro und im Schrank sehe ich dutzende Bücher über das Unternehmertum. Frage an mich selbst: Wie viele Bücher hast du zu diesem Thema? Antwort: Alle!

Was macht das mit dir? Das kann ich dir sagen: Das beeinflusst dich, du willst das irgendwann dann auch machen! Was? Groß denken! Und was bedeutet das dann? Das erkläre ich dir jetzt.

Besonders getriggert hat mich ein Buch über Günther Fielmann. Es zeigt auf, wie Herr Fielmann seinerzeit den Markt und damit das Leben vieler Menschen positiv beeinflusst hat. Anfang der 70er Jahre gab es nur sechs Brillenmodelle auf Rezept: Zwei für Frauen, zwei für Kinder und zwei für Männer. Praktisch konnte man den Leuten ansehen, welchen finanziellen Status sie besaßen - im wahrsten Sinne des Wortes. Man konnte es ihnen quasi ganz knapp oberhalb der Nasenspitze ansehen.

Was hat Günther Fielmann zusammengefasst gemacht? 1972 brachte er über 84 verschiedene Brillenmodelle auf den Markt und alle auf Rezept. Das bedeutet: Er hat diese offensichtliche Diskreditierung der Kassenpatienten dadurch eliminiert und plötzlich wurden andere Attribute mit der Kassenbrille in Verbindung gebracht. Teilweise haben Menschen Brillen getragen, obwohl sie keine brauchten. Sie wurden zu einem modischen Accessoire.

Jetzt stell dir vor, du hast dein eigenes Unternehmerumfeld kreiert, bei dir läuft es geschäftlich einigermaßen und du triffst deinen alten Freund wieder, der gerade von einem längeren Selbstfindungstrip zurückkommt. Dieser Freund, der mit Mitte/Ende 30 nicht mehr arbeiten muss, weil er zuvor im Iran durchgestartet ist und einen Exit hinter sich hat. Ihr verbringt viel Zeit miteinander, er will in den deutschen Gesundheitsmarkt und ich bin halt so, wie ich bin. Was kommt dabei heraus? ... MyImplantat.

Fotografie Tomek Koniezny

MyImplantat: Wer schreibt eigentlich den Heil- und Kostenplan?

Wenn man Menschen in den Mund schaut — und das mache ich sehr häufig — kann man oft auf die finanziellen Mittel schließen, die dieser Patient zur Verfügung hat, sowie auf sein Verhalten und seine Denkweise. Anders gesagt: Lass mich in deinen Mund schauen und ich sage dir, wer du bist. Natürlich stimmt das nicht ganz, aber du weißt, was ich meine. Der Status eines Patienten spiegelt sich im Mund wider, spätestens wenn es um Zahnersatz geht. Für gesetzlich Versicherte bedeutet das meist „wirtschaftlich, zweckmäßig, ausreichend", also das Äquivalent eines Holzbeins.

Meine Vision mit MyImplantat war folgende: Lass uns etwas schaffen, das eines Tages dazu führt, dass die Implantatversorgung von der gesetzlichen Krankenkasse übernommen wird. Wie geht das? Wir müssen nur 130.000 Implantate im Jahr setzen. Wie bin ich ca. 2020 auf diese Zahl gekommen? Weil Straumann 2019 ca. 130.000 Implantate in Deutschland verkauft hat. Wie soll das gehen? Für mich wurde es klarer, nachdem ich diese Zeichnung im Buch von Ray Dalio gesehen hatte: Setze dir Ziele und baue ein Konstrukt aus Menschen und Maschinen, die Ergebnisse produzieren. Und im besten Fall entsprechen die Ergebnisse den Zielen.

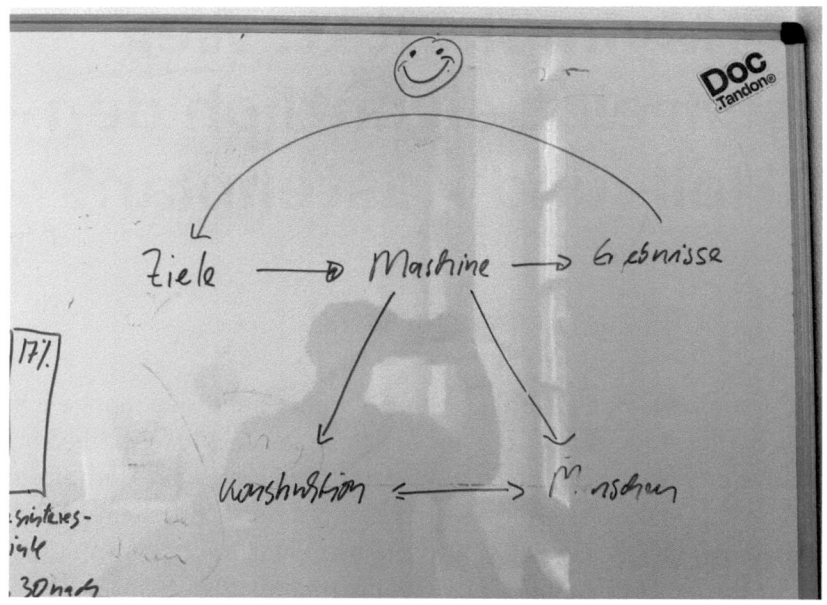

Skizze nach Ray Dalio

Im Grunde ist es doch ganz einfach: Wenn ich 52 Filialen baue und jede davon jährlich 2.500 Implantate setzt, dann komme ich auf 130.000 Implantate. Das war der Plan.

Übrigens wurden zu dieser Zeit in Deutschland insgesamt jährlich etwa 1,3 Millionen Implantate gesetzt - Tendenz steigend. Das wäre ein Marktanteil von 10 % - das schaffen wir locker. Aber wie?

Ich glaube, ich bin ein guter Verkäufer und somit fiel es mir nicht sonderlich schwer, Ramin zu überzeugen. Wir gründeten eine GbR und setzten einen Vertrag auf. Er ließ seinen Anwalt drüberschauen, federführend war mein Anwalt, der bereits erwähnte Herr Jahn. Das Geschäftsmodell wurde immer klarer:

Klare Positionierung für Implantate, online Patienten gewinnen und zeitnah mit Zahnersatz versorgen, zukünftig in 52 Filialen.

Jetzt, wo ich gerade wieder hier sitze und diese wirklich verrückte Zeit Revue passieren lasse, juckt es mir wieder in den Fingern und ein Teil in mir sagt: Das ist doch möglich.

Die Aufgabenverteilung war ganz klar: Ramin kümmert sich um das Onlinegeschäft, sprich die Patientengewinnung und ich kümmere mich um das Offlinegeschäft, sprich um die Versorgung der Patienten. Natürlich waren da noch einige rechtliche Dinge zu klären, weil Patientenvermittlung gegen Entgelt in Deutschland verboten ist, was definitiv auch gut so ist. Dem Patienten dabei zu helfen, den richtigen Zahnarzt zu finden, ist dagegen nicht verboten.

Gesagt, geplant und umgesetzt.

Es war so verrückt. Im August 2019 haben in der Venloerstraße 7a im Düsseldorfer Stadtteil Derendorf eine kleine Praxis in einem privaten Ärztehaus angemietet. Zur damaligen Zeit waren dort ein HNO-Arzt, ein Zahnarzt und ein Allgemeinmediziner im Gebäude. Direkt angrenzend befanden sich eine große Praxis für Handchirurgie und eine Apotheke. Lage und Räumlichkeiten waren also topp, die Parkplatzsituation war jedoch zum Verzweifeln – Großstadt halt. Unsere Praxis war in der ersten Etage, barrierefrei. Empfang, dahinter eine kleine Küche mit Umkleide, ein kleiner Wartebereich, eine Patiententoilette, eine Toilette für die Mitarbeitenden, zwei Behandlungszimmer und ein Steri. Das große Behandlungszimmer hatte ich abtrennen lassen und ein DVT reingestellt, sogar mit FRS. Im Behandlungszimmer waren eine Behandlungseinheit mit Schwebetisch ohne Speibecken, sowie Unter- und Oberschränke.

Wir haben im Internet Patienten gewonnen, die sich online bei mir einen 60-Minuten-Termin buchen konnten. Wir haben uns in der Praxis getroffen und außer dem Patienten war kein weiterer Patient da. Ich habe mir eine Stunde Zeit genommen für eine klinische und radiologische Untersuchung, patientengerechte Aufklärung und die Erstellung des Heil- und Kostenplans direkt für den Patienten. Wir hatten eine Abschlussquote von 92 % – bedeutet, von 100 Patienten habe ich 92 operiert, das war krass. Ich habe sieben Tage die Woche durchgearbeitet. Wenn ich nicht in der Praxis war, habe ich bei MyImplantat gearbeitet.

Nach kurzer Zeit haben wir uns in der Praxis eines Kumpels in Köln eingemietet und zusätzlich auch am Kurfürstendamm 33 in Berlin. In der Phase des Wachstums ist Folgendes aufgefallen: Es gibt nur wenige Kollegen, die erstens auf so etwas Bock haben und zweitens das alles leisten können, also von der Erstuntersuchung bis zur Zahnersatzversorgung den kompletten Fall abschließen. Geeignete Mitarbeitende zu finden war und ist definitiv ein limitierender Faktor.

Was total verrückt war: Wir sind freitags nach Berlin geflogen, haben entweder Patienten aufgeklärt, operiert (teilweise auch in Vollnarkose) oder uns um die Nachsorge gekümmert. Manchmal musst du dich plötzlich um die Patientennachsorge bei zum Beispiel vermuteten Wundheilungsstörungen in Berlin kümmern, obwohl du über 550 km entfernt bist. Vor Ort wollen natürlich die wenigsten Kollegen die Nachsorge übernehmen, es sei denn, diese wird entsprechend honoriert.

Wenn ich so darüber nachdenke, war das vielleicht ein bisschen viel für ein Jahr, oder? Zweiter Standort im April 2019 in Bergheim, Gründung eines Start-Ups im August 2019, dritter Standort im Oktober 2019. Aus heutiger Sicht war das kein organisches Wachstum, sondern eine Wucherung wie bei einem Tumor.

Fotografie Tomek Koniezny

Wie kann so etwas überhaupt stattfinden? Das liegt daran, dass jede Neugründung ca. sechs Monate vor Niederlassung im

MVZ-Bereich über die Bühne geht. Du arbeitest ungefähr sechs Monate in der Zukunft, also zulassungsbedingt weit vorausschauend. Du erinnerst dich, drei Monate vor der Zulassungssitzung müssen alle Unterlagen bei der KZV liegen.

Anders bei MyImplantat. Diese Standorte waren alle private Niederlassungen, also hatten sie nichts mit den gesetzlichen Krankenkassen zu tun. Wir haben ausschließlich privat behandelt. Diese Art der Niederlassung ist einfach. Du schickst lediglich das Formblatt anlässlich der Niederlassung und für den Notdienst an die Zahnärztekammer Nordrhein. Das war's. Zwei Tage später bekommst du ein Schreiben: „Wir beglückwünschen Sie zu Ihrer Niederlassung und wünschen Ihnen eine zahnärztliche Tätigkeit, die Sie und Ihre Patienten stets zufrieden stellt." So die Zahnärztekammer Nordrhein. Man kann bis zu fünf private Zahnarztpraxen parallel betreiben.

Wie verdient man Geld? Indem man sich Geld leiht. Ich bin seinerzeit einfach zur Apobank gegangen und habe das Geschäftsmodell von MyImplantat vorgestellt. „Wie viel brauchen Sie?", wurde ich gefragt. „Ich denke, 100.000 Euro für den Anfang werden reichen." Aus heutiger Sicht bin ich, wie immer, zu naiv an die ganze Sache herangegangen.

Was haben wir gemacht? Wir haben mit Dumpingpreisen online Leads generiert, meist für feste Zähne an einem Tag. Also haben wir mit starken emotionalen Bedürfnissen Patienten gewonnen, meist ein Klientel, welches sich die „hochwertige Implantatversorgung" unter normalen Bedingungen nicht hätte leisten können. Zusätzlich haben wir bei MyImplantat eine zehnjährige Garantie gegeben, wenn die Patienten zweimal im Jahr unaufgefordert bei uns die Prophylaxe machen. Letztendlich ein super Angebot.

Es gab nur zwei grundlegende zusätzliche Herausforderungen:

Zum einen die Finanzierung. Viele der Patienten hatten keine gute Bonität. Also waren die Möglichkeiten der Finanzierung begrenzt und Tickets von 6.000 Euro mit 50 Euro pro Monat zu finanzieren, war schwierig. Eine Finanzierung ohne Zinsen hätte zehn Jahre gedauert. Und oft haben wir oder die Factoring-Gesellschaften das Geld nie gesehen. Die Factoring-Gesellschaft verdient ihr Geld, indem sie dir hilft, liquide zu bleiben. Das bedeutet: Die Zahnärztin/der Zahnarzt geht sein ganzes Berufsleben in Vorkasse, in der Hoffnung, dass nach der erbrachten Dienstleistung der Patient und/oder die Krankenkasse zahlt. Warum gibt es oft Mehraufwand bei der Abrechnung? Weil die Krankenkassen auch nur normale Wirtschaftsunternehmen sind und Geld sparen bzw. verdienen wollen. Zurück zu den Factoring-Gesellschaften.

Du machst, nachdem der Patient das entsprechende Formular unterschrieben hat, eine Bonitätsabfrage bei der Factoring-Gesellschaft. Wenn die Bonität in Ordnung ist, werden sofort 5.000 Euro angekauft. Das bedeutet, wenn ich Leistungen für 5.000 Euro erbringe und der Factoring-Gesellschaft in Rechnung stelle, gehen diese in Vorkasse. Natürlich wird dafür eine Gebühr, also ein gewisser Prozentsatz fällig. Ich stelle der Factoring-Gesellschaft demnach eine Rechnung, diese gleicht sie mit Abzug aus und stellt dem Patienten die entsprechende Rechnung mit einem Zahlungsziel von meistens vier Wochen in Rechnung. Ich bzw. die Zahnärztin oder der Zahnarzt bekommt meist das Geld innerhalb von 24 Stunden bereitgestellt und kann somit seine Außenstände und Fixkosten decken. Wenn die Patienten nicht zahlen wollen oder können, kommt die Factoring-Gesellschaft natürlich zur Zahnärztin/zum Zahnarzt oder in unserem Fall auf MyImplantat zurück und sagt: Wir wollen unser Geld, plus Anwaltskosten und Zinsen zurück, weil bei deinen Patienten nichts zu holen ist. Also hast du Leistung erbracht, Zeit und Material eingekauft und eingebaut, das Geld nicht erhalten und zusätzlich weitere Kosten zu decken. Die Factoring-Gesellschaft nennt das dann Stornobuchungen. Der Verzinsungszeitraum pro Quartal war mit 11,50 % immer ganz ordentlich. Rechtlich stand es so im geschlossenen Vertrag und wir konnten natürlich nichts machen. Am Ende bist du für alles verantwortlich. Dieses spezielle Klientel wusste natürlich genau, dass wir am Ende des Tages nichts dagegen machen konnten.

Zum Anderen wurden wir gegen Ende des Jahres 2020 eins zu eins kopiert von der Firma Plusdental. Plusdental war oder ist eine Marke der Sunshine Smile GmbH, welche heute zu Straumann gehört bzw. die meisten Anteile gehören zu Straumann. Unser Internetauftritt wurde, wie das gesamte Geschäftsmodell eins zu eins kopiert, allerdings im Osten der Bundesrepublik.

Warum hat MyImplantat nicht funktioniert?

Ein BWLer kann eine Dienstleistung im zahnärztlichen Bereich nicht verkaufen bzw. erbringen. Der ganze operative Part lag bei mir, ebenso der finanzielle Teil. Das war zum einen keine gleichberechtigte Partnerschaft, weil sämtliche Materialien, Technologien usw. von mir gestellt wurden und auch die Leistungen von mir oder meinen Mitarbeitenden erbracht wurden. Wir beide hatten unser gemeinsames Unternehmen, aber ich musste mich auch um meine eigenen Standorte kümmern, die natürlich besser liefen, wenn ich vor Ort war. Letztlich gab es schon einen Interessenkonflikt zwischen uns. Ich wollte mich auch nicht zu 100 % auf MyImplantat konzentrieren, dazu waren die anderen

Standorte zu frisch. Zusätzlich bedrohte MyImplantat meine anderen Standorte in puncto Vorfinanzierung und Ressourcen. Außerdem dachte ich, das Geld wäre nicht das Problem für Ramin bzw. an Geld zu kommen wäre nicht das Problem für ihn. Wir haben uns vielleicht zu spät um Investoren gekümmert bzw. um die Geldbeschaffung. Ich habe mich dann im Oktober 2020 primär in den vierten Standort Bedburg gestürzt und MyImplantat eingestampft. Plusdental hat ebenfalls drei Monate später das Projekt gecancelt.

Das geleaste DVT habe ich in Bedburg untergebracht, die angestellte Zahnärztin, habe ich am Standort Willich verpflichtet, also übernommen: Die Kollegin war übrigens schwanger und musste zwei Wochen später freigestellt werden. Die operativen Erfahrungen, die ich während dieser Zeit machen durfte, waren unbezahlbar und unglaublich. Durch MyImplantat hatte ich jede Woche mindestens einen All-on-4 oder All-on-6 Fall. Das war schon eine sehr lehrreiche Zeit. Mit Ramin bin ich noch heute befreundet, wobei wir nie abschließend oder final über MyImplantat gesprochen haben.

Meine Learnings:

- Du kannst dir selbst dein Umfeld kreieren.

- Dein Umfeld hat einen extremen Einfluss auf deine Art und Weise zu denken und zu handeln.

- Keiner schenkt dir etwas, weder die Krankenkassen noch sonst jemand.

- Leute, die Geld haben, investieren nur in Sachen, die ihr hart verdientes Geld vermehren.

Fotografie Tomek Koniezny

Meine Erfahrungen mit dem Depot • Handwerk ist nicht gleich Handwerk

Früh im Praxisübernahmeprozess, also als sich abzeichnete, dass mit an Sicherheit grenzender Wahrscheinlichkeit die Übernahme der Einzelpraxis in Willich klappt, bin ich an ein Dental-Depot geraten. Ich war mehrfach in der Niederlassung des Depots, hatte eine feste Ansprechpartnerin, eine Innenarchitektin, die mit mir meine Renovierungswünsche plante und mir auch ihrerseits Vorschläge machte. Die Zusammenarbeit war ganz unkompliziert: wir hatten uns drei Mal vor Ort in der Praxis getroffen. Am Samstag, den 01.10.2016, war die offizielle Praxisübernahme und am Donnerstag davor bekam ich einen Anruf von meiner Innenarchitektin mit der Absage der Renovierungsmaßnahmen in der Praxis mit der Begründung: „Das lohnt sich für uns nicht, weil es nur eine Renovierung ist!" Also hatte ich zwei Tage vor der Praxisübernahme plötzlich kein Depot mehr. Das Depot hätte retrospektiv betrachtet sowieso nur die Gewerke vermittelt. Glücklicherweise habe ich kurz zuvor Chris kennengelernt. Von Beruf ist er gelernter „Gas-Wasser-Scheiße"-Meister, arbeitet aber schon länger nicht mehr in diesem Bereich. Seitdem wir uns kennen, ist er im Facilitymanagement bei einer erfolgreichen Bekleidungsfirma für Jugendliche und Erwachsene in einer hohen Führungsposition. In erster Linie hat Chris sämtliche Renovierungsmaßnahmen und Umbauten in allen später hinzugekommenen Praxen übernommen und koordiniert. Er ist bis heute immer mein direkter Ansprechpartner in puncto Renovierung, Umbau, Erweiterung oder Schließung von Standorten.

Ohne Chris wäre vieles finanziell nicht möglich gewesen, weil du Geld sparst und liquide bleibst, wenn du Reparaturen selber übernimmst. Das ist wichtig im Wachstumsprozess.

2te ZahnarztMeinung: Kurzfristiger Vorteil - langfristiger Nachteil

Wie definiert man ein Problem? Wie bereits beschrieben wird ein kurzfristiger Vorteil langfristig zum Nachteil.

Nach der Praxisübernahme in Willich ist mir zuerst Folgendes aufgefallen: Im Grunde hätte ich mir bezüglich des Patientenstamms (dem immateriellen Wert) eine zweite Meinung einholen sollen. Warum? Weil mein Vorgänger die Nummer eins bei dem Auktionsportal 2te-ZahnarztMeinung in ganz Deutschland war. Das ist ein Onlineportal, wo Patienten ihre Heil- und Kostenpläne hochladen und Zahnärzte anonym auf diesen HKP bieten können. Also reines Dumping. Mein Vorgänger hatte die meisten positiven Bewertungen und sobald er „geboten" hat, hat er auch mit großer Wahrscheinlichkeit den Zuschlag bekommen. Die 2te-ZahnarztMeinung bezog seinerzeit eine Vermittlungsprovision von ca. 25 %. Der Großteil der Patienten kommt von weiter weg und auch nur wegen des günstigeren Preises. Familienmitglieder, Bekannte und Freunde dieser Patienten erwarteten ähnliche Preise. Was willst du mit einem Patientenstamm, der nur wegen der günstigsten Preise kommt? Solche Portale ermöglichen es dem Nutzer, Preise zu vergleichen und möglicherweise günstigere Optionen zu finden, also Zahnarztpraxen zu finden, die Dienstleistungen weit unter den marktüblichen Konditionen anbieten und durchführen.

Hinter dem Auktionsportal 2te-ZahnarztMeinung steht die Mojo GmbH, die mittlerweile in Leverkusen ansässig ist, mit Holger Lehmann als Geschäftsführer. Ich habe kürzlich versucht, mich über meine Zugangsdaten einzuloggen, um an weitere Informationen zu kommen, der Zugang wurde mir allerdings verweigert. Das ist letztlich auch gut so! Heutzutage werben die meisten Zusatzversicherer mit solchen Portalen... Auch ein wenig verrückt!

Meiner Meinung nach funktioniert so ein Auktionsportal nur, wenn der Zahnarzt ein Eigenlabor besitzt. Grundsätzlich ist ein eigenes Praxislabor ein enormer Benefit für die Praxis und ganz besonders für die Patienten, weil in der Regel das Praxislabor perfekt auf den Inhaber und seine Kollegen zugeschnitten ist.
    Was ich so beobachte ist, dass niemand alles gleich gut kann! Es gibt gewerbliche Labore, die Kunststoff richtig gut können und hervorragende Prothesen, Teilprothesen und Reparaturen herstellen. Es gibt gewerbliche Labore, die Ästhetik gut können, also Keramikarbeiten. Es gibt gewerbliche Labore, die Kombiarbeiten gut können. Aber wenige können alles in vergleichbar guter Qualität. Ein Praxislabor sollte allerdings so aufgestellt sein, dass deine Kernkompetenzen als Zahnarzt bestmöglich abgedeckt sind!

Zurück zum Thema 2te-ZahnarztMeinung: Im Grunde funktioniert es wie folgt: Grundsätzlich gibt es nur zwei Möglichkeiten. Entweder gehst du mit deinem zahnärztlichen Honorar runter (LOL) oder du senkst die Laborpreise. Mein Vorgänger hat die Laborpreise entsprechend angepasst. Und bei jeder Laborrechnung wurden später per Hand Zahlen angepasst. Das bedeutet, dass das zahntechnische Honorar für den jeweiligen angestellten Zahntechniker angeglichen oder reduziert wurde.

Zum Verständnis: Laborpreise wurden entsprechend dem Gebot angepasst und nachträglich wurden der Zahntechnikerin oder dem zahntechniker, die auf Umsatz arbeiten, zusätzlich Umsätze per Hand auf dem „Technikerzettel" gutgeschrieben, um sie nicht ganz „für Nüsse" arbeiten zu lassen. Retrospektiv ein ganz wichtiger Hinweis, auf den ich später zurückkommen werde. Ich habe ungefähr bis Mitte 2019 an der 2ten-ZahnarztMeinung weiter teilgenommen - notgedrungen. Seitdem arbeite ich allerdings nicht mehr damit und konnte mir einen Patientenstamm aufbauen, der nicht wegen des Preises kommt, sondern wegen der vielen anderen Dinge, die eine Zahnarztpraxis ausmachen: die Mitarbeitenden, die Materialien, die Dienstleistungen, die Menschlichkeit, die Anschaffungen und die Organisation.

Ich habe jetzt an dieser Stelle bewusst nicht „Qualität" geschrieben. Qualität hat nicht unbedingt etwas mit dem Preis zu tun, wenn die gleichen Materialien benutzt werden. Oft hängt der Preis mehr mit der therapeutischen Effizienz zusammen.

Aber jetzt zu einer wichtigen Sache: Seit ich mit der 2ten-ZahnarztMeinung aufgehört habe, habe ich regelmäßig die Laborpreise angehoben. Und bei meinem ehemaligen Laborleiter, der uns in diesem Monat verlässt, habe ich vergessen, den Arbeitsvertrag entsprechend anzupassen. Aufgefallen ist mir das erstmals im Jahr 2022, soweit ich ich erinnere. Wenn du jeden Tag im Tunnel bist, kann es passieren, dass du die Laborpreise verdoppelst und weiterhin 35 % Umsatzbeteiligung zahlst. Den Arbeitsvertrag hatte ich seinerzeit natürlich einfach übernommmen.

Fotografie Tomek Koniezny

Ich schätze meinen ehemaligen Laborleiter sehr, aber in einem Gespräch Ende 2022 über die Anpassung der Umsatzbeteiligung an die aktuellen Laborpreise konnte ich ihn leider nicht davon überzeugen, diese zu meinen Gunsten anzupassen. Ich hätte mir natürlich gewünscht, dass der Laborleiter auf mich zugekommen wäre und gesagt hätte, dass wir ihren Arbeitsvertrag fair anpassen sollten, weil die Laborpreise insgesamt angehoben wurden. Seinerzeit wollte ich ihn nicht verlieren und habe dann die Preise und Konditionen so weiterlaufen lassen, wie vertraglich geregelt.

Säge nicht an dem Ast auf dem du sitzt - es sei denn du kannst fliegen

Aber zwischenzeitlich ist eine weitere unerwartete Sache passiert: Ich habe einen Zahntechnikermeister eingestellt. Herr Walter sollte 50 % seiner Zeit bei mir im Angestelltenverhältnis und den Rest seiner Zeit auf selbstständiger Basis arbeiten. Wir hatten uns auf ein Gehalt von ca. 2.500 Euro geeinigt, dafür musste er um die 10.000 Euro Umsatz machen. Für die restliche Zeit habe ich eine Platzmiete von 1.000 Euro genommen. Darin inbegriffen waren sämtliche Gerätschaften, wie Arbeitsplatz, Scanner, Fräsmaschine, Strom - einfach alles außer der Verbrauchsmaterialien: Rohlinge, Keramik usw. waren ausgenommen.

Er musste also seine eigenen Materialien besorgen und nutzen. Ein gewerblicher Mietvertrag wurde geschlossen. Anfangs lief das auch ganz gut. Hier und da kam mein Laborleiter zu mir und berichtete, dass ständig unsere Materialien benutzt werden. „Aller Anfang ist schwer," dachte ich mir. Als Existenzgründer hat er es nicht leicht und kann nicht abschätzen, welche Aufträge eingehen und welche Mengen an Material er vorbestellen muss, um entsprechend zu performen. Ich habe ihn mündlich entsprechend ermahnt und weiter ging es. Auch als er nicht kompatible NEM-Rohlinge verwendet hat und diese die Spindel der Fräsmaschine zerstörten, blieb ich ruhig. Was mir aber dann irgendwann tierisch auf die Nerven ging, war seine ständige Fragerei: „Ist das für mich oder ist das für Sie?" Also, wird die Arbeit seiner Umsatzstatistik gutgeschrieben oder schreibt er mir dafür später eine Rechnung? Irgendwo eine berechtigte Frage, aber wir hatten doch einen Vertrag geschlossen, in dem solche Punkte klar geregelt werden: Erst erbringst du deinen Mindestumsatz und dann können wir darüber reden, ob du mir weitere Arbeiten in Rechnung stellst. Zusätzlich wurden zwischen uns natürlich auch Kernarbeitszeiten festgelegt, in denen er exklusiv für die Praxis arbeiten soll und nicht unbedingt für seine Kunden, aber auch da war ich relativ locker. Und auch als der Scanner länger als geplant belegt wurde, was immer mal wieder vorkam, haben wir alle „Hühneraugen" zugedrückt.

Im Verlauf nahm die „Materialmitbenutzung" zu, ohne dass entsprechend nachgefüllt wurde. Mehrere tausend Euro an Material wurden mir quasi gestohlen. Aber auch das war für mich nicht das K.-o.-Kriterium, sondern Folgendes: Eines Tages kam mein Laborleiter zu mir und sagte, dass Herr Walter immer häufiger Sätze wie den folgenden vom Stapel lässt: „Macht euch selbstständig, guckt mal, wie viel Geld ich mit der gleichen Arbeit verdiene!" Wichtig bei solchen Aussagen ist, nicht im Affekt zu handeln, sondern erst weitere Zeugen zu befragen. Sämtliche Angestellte aus dem Bereich der Zahntechnik hatten die Aussagen bestätigt. Also habe ich ihn in mein Büro zitiert, meine Verwaltungsleiterin war mit dabei und führte Protokoll. „Was fällt Ihnen eigentlich ein, meinen Mitarbeitenden zu erzählen, dass sie sich selbstständig machen sollen und wie einfach es ist, mit derselben Arbeit viel mehr Geld zu verdienen?" Seine Antwort war: „Chef, die Meisterschule ist nicht so einfach, die muss man erst mal bestehen!" Nach dieser Aussage wusste ich, dass er die oben genannten Dinge tatsächlich gesagt hatte. Also habe ich den gewerblichen Vertrag fristgerecht und ordnungsgemäß gekündigt. Natürlich, ich kenne seine Frau und seine beiden Kinder und das hat mich auch über viele Dinge hinwegsehen lassen. Aber als er in meinem Büro stand und bettelte, dass ich ihn noch ein oder zwei Monate länger den Platz mieten lasse, habe ich „nein" gesagt. Ich wäre nie auf die Idee gekommen, dass sich jemand so verhält, aber in einem schwachen Moment oder in einer Phase, wo man gerade ordentlich Umsatz macht, kann so etwas scheinbar passieren. Letztlich wird es immer wieder mal Phasen geben, wo es gut läuft und Phasen, wo es noch viel besser läuft. Aber wenn du nicht fliegen kannst, dann lass die Säge weg.

Diese Erfahrung mit dem Techniker hat sicherlich dazu beigetragen, dass mein Laborleiter die Ausbildung in der Meisterschule begonnen hat. Und er ist nach wie vor eine Topp-Zahntechniker. Es war an einem Freitag im September 2023, der erste Tag vom Krupinski-Kurs in der Doc.Tandon Academy war geschafft, wir hatten Sommerfest und mein Laborleiter fragte mich im Vorbeigehen, was ich denn davon halte, wenn er die Meisterschule beginne, die im April 2024 startet. Ich antwortete: „Lass uns zu einem späteren Zeitpunkt darüber reden, das ist nicht der richtige Anlass!" Meine Frau und meine Tochter waren gekommen, alle Mitarbeitenden waren da, die Kursteilnehmer ebenfalls, der Tag war anstrengend usw. Im späteren Gespräch hatte ich ihm Folgendes gesagt: „Bitte konfrontiere mich mit Tatsachen und frage mich nicht nach meiner Meinung!" Warum? Ich wollte ihn nicht manipulieren oder dergleichen, außerdem hat er einen super Deal. Bis zum Jahresende kamen zusätzlich zwei E-Mails von ihm zu dieser Sache, die seine Unzufriedenheit widerspiegelten. Letztlich hat er sich entschieden, die Meisterausbildung zu machen. Und dann ist etwas Interessantes passiert, als er im Januar fünf Wochen Urlaub machte. Mein anderer angestellter Zahntechniker konnte sich entfalten und wir haben die bis dato beste All-on-4 Arbeit hergestellt, die ich je gemacht habe. Wenn sich eine Tür schließt, öffnet sich eine andere und es bietet sich

Raum zur Entfaltung.

Meine Gedanken zu meinem ehemaligen Laborleiter: Er wollte die Meisterschule machen und seine Stunden reduzieren, aber zu den gleichen Konditionen. Warum habe ich mich dagegen entschieden? Einmal aus der Erfahrung mit dem ehemaligen Technikermeister, aber viel wichtiger waren meine folgenden Gedanken: Warum machst du eine Meisterausbildung, wenn du dich später nicht selbstständig machen willst? Ausbilden kannst du mit Ausbilderschein auch ohne den Meister. Was hat das Unternehmen davon? Die meisten Dinge, die in der Meisterschule gelehrt werden, sind nicht mehr up-to-date und wir sind in der Praxis schon viel weiter! Was ist mit seiner Erwartungshaltung? Seine Ansprüche und Forderungen werden nach dem Meister nicht weniger und er hatte bereits einen super Deal.

Meine Learnings:

- Passe deine Verträge rechtzeitig an.

- Benutze die Säge nur, wenn du fliegen kannst.

- Die Erwartungshaltung wird nicht weniger.

- Veränderungen bieten den richtigen Mitarbeitenden Entfaltungsmöglichkeiten.

- Ich wollte aus dem Vertrag raus!

Im Folgenden werde ich aus meiner Sicht äußerst sinnvolle Konzepte und Maßnahmen beschreiben und erläutern, bei denen ich versuche sie im Praxis- und Unternehmeralltag einzubinden. Zudem beschreibe ich natürlich weiterhin meine Annahmen, wie sich meiner Meinung nach die Dinge zum positiven ändern müssten, wenn diese neuen Konzepte angewandt und beibehalten werden.

Fotografie Tomek Koniezny

Therapeutisches Konzept: Zeig mir deine Stundensätze und ich sag dir wer du bist

Meiner Meinung nach sollte ein Zahnarzt Folgendes können: Chirurgie und Prothetik. Warum? Mit der Chirurgie gewinnt man Vertrauen und mit der Prothetik verdient man Geld und hält sich über Wasser. Bestenfalls hat man dann noch ein eigenes Praxislabor. Aber du weißt ja, wie das mit einer Meinung ist: Die Meinung einer Person rechtfertigt nur ihr Tun bzw. ihr Handeln und eigentlich sollte sich keiner rechtfertigen müssen, geschweige denn versuchen, eine andere Person von seiner Meinung zu überzeugen.

Ich unterteile immer in die folgenden drei wichtigen Punkte:

1. **Behandlungsbedarf erkennen.**

2. **Behandlungsbedarf vergrößern.**

3. **Behandlungsbedarf decken.**

Seit 2017 treffen wir uns, wie bereits erwähnt, jeden Mittwoch von acht bis neun Uhr zur Röntgen-Visite. Die Rö-Visite habe ich in meiner Klinikzeit im Bereich der Mund-Kiefer-und-Gesichtschirurgie an der Uni-Klinik Bochum von meinem damaligen Chef Prof. Dr. Dr. Kunkel mitgenommen. Dort haben wir uns jeden Morgen um halb acht zur Rö-Visite in der Radiologie getroffen. Alle Assistenten, alle Oberärzte, Prof. Dr. Dr. Kunkel, ein Oberarzt aus der Radiologie und bei Bedarf auch eine Oberärztin der Nuklearmedizin waren mit dabei. Dort wurden sämtliche Aufnahmen des Vortages oder des Wochenendes besprochen. Jeder stellte in Fachsprache kurz und knapp seine Fälle vor. Dadurch sieht man jeden Tag dutzende Computertomographien, Magnetresonanztomographien, Digitale Volumentomographien, Orthopantomogramme und Szintigraphien. Natürlich bleibst du abends länger oder kommst morgens früher, weil du auf diesen Termin vorbereitet sein willst: Kurz und knapp den Patienten vorstellen, das Anliegen klären und die Befunde in Fachsprache so kommunizieren, dass allen im Raum klar ist, was los bzw. zu tun ist. Dadurch, dass du von montags bis freitags dutzende CTs, MRTs, DVTs, OPGs siehst und Befunde erklärt bekommst, fängst du irgendwann an, die Befunde von alleine zu erkennen. Und wenn dein Umfeld dir dann noch beibringt, wichtige Befunde von Nebenbefunden zu trennen, lernt man den Behandlungsbedarf zu erkennen und zu vergrößern. Es ist dabei äußerst wichtig immer mit einer konkreten Systematik zu arbeiten, weil man sich oft meist nur auf die Dinge konzentriert, die die rechtfertigende Indikation zur Erstellung der jeweiligen Aufnahme darstellen. Die konkrete Systematik bewahrt einen also davor Nebenbefunde zu übersehen.

Ein Beispiel aus der Praxis: Das OPG zeigt retiniert verlagerte Zähne 18, 28, 38 und 48, apikale Ostitis 36, Extravasationszyste in der linken Kieferhöhle, beiderseits V.a. Komprimierter Kiefergelenkspalt bei stark abradierter Restbezahnung. Dann weißt du, was zu tun ist. Jetzt geht es nur noch darum, den Behandlungsbedarf zu decken bzw. jemanden im Team zu haben, der den oben genannten Behandlungsbedarf ordnungsgemäß und für den Patienten zufriedenstellend abarbeiten kann. Deshalb ist die wöchentliche Röntgenvisite so wertvoll. Zum Einen als kollegialer Austausch - ich kann das therapeutische Konzept kontrollieren, steuern, vergrößern - zum Anderen ist das eine Form des Qualitätsmanagements. Außerdem schult es die Mitarbeitenden den Behandlungsbedarf zu erkennen und sorgt dafür, dass sich die Kollegen den Behandlungsbedarf zuarbeiten. Mittlerweile machen wir das überregional mit allen Standorten online über Zoom. Bis vor wenigen Monaten war das alles kostenlos, mittlerweile kostet uns das ca. 150 Euro pro Jahr, ist aber ein super Tool und die Mitarbeitenden sind traurig, wenn die Rö-Visite mal nicht stattfindet bzw. machen diese auch ohne mich. Ich dachte, dass das für die therapeutische Effizienz reicht, aber Pustekuchen!

Annahme: Wenn der Behandlungsbedarf erkannt, ggf. vergrößert wurde und im Verlauf gedeckt wird, ist die therapeutische Effizienz doch super! Bis vor kurzem habe auch ich das gedacht und mein System gefeiert, aber die Stundensätze meiner Kollegen steigen dadurch nicht signifikant. Stundensätze sind eine wichtige Kennzahl. Im Verlauf werden wir noch mehr über Kennzahlen reden. Die Kennzahl Stundensatz sagt aus, wie viel Umsatz ein Behandler pro Stunde macht. Dein Stundensatz gibt dir darüber Aufschluss, wie schnell und effektiv du mit deinen Ressourcen umgehst, welche Behandlungsschwerpunkte du hast, wie viel Kompetenz du besitzt, wie erfolgreich du Behandlungsbedarf erkennst, vergrößerst und deckst bzw. umsetzt. Interessant daran ist, dass alle im Ärzteteam relativ gleiche Voraussetzungen haben, zumindest was Technologie und Instrumentarien angeht, aber dennoch gibt es gravierende Unterschiede. Auch wenn die erbrachten Leistungen bei jedem gleich honoriert werden, es sei denn der Inhaber spielt extrem mit den Steigerungssätzen.

Warum ist das so? Weil hinter der therapeutischen Effizienz ein ganz klares Konzept steht. Denn sämtliche Behandlungsschritte sind durchgetaktet, alles ist geregelt. Wer macht wann was mit welchem Instrument und mit wem? Außerdem sind die Behandlungszimmer entsprechend ausgelastet. Auch die Reihenfolge, in der die Patienten mit den jeweiligen Anliegen gesetzt werden, ist für das jeweilige Behandlungsteam klar und strukturiert. Kurz gesagt: Best Practice.

Mal anders herum: Wenn du einen Stundensatz von 600 - 1.000 Euro haben willst, wie lange darf dann eine x1 (12 Euro Bema und 9,05 Euro GOZ), eine Ost 2 (93,60 Euro Bema bzw. 112,03 Euro GOZ) oder eine Implantat-OP (800 Euro) inklusive Vor- und Nachbereitung dauern? Wie lange darf eine F2-Füllung dauern? Natürlich muss sie gut sein! Eine Füllung mit Ä1, Vipr., I, bmf, F2: 186,40 Euro bei einem Kassenpatienten mit Zuzahlung von 100 Euro. Bei einem privaten Patienten Ä1, Vipr., O, I, bmf, F2, 2197, 92,46 Euro.

Im Grunde genommen können die Stundensätze der Mitarbeitenden nur steigen, wenn sie sich „spezialisieren". Das soll jetzt nicht heißen, dass alle Mitarbeitenden eine Fachzahnarztausbildungen oder einen Masterstudiengang absolvieren müssen, sondern dass sie davon lernen sollten, was die Kolleginnen und Kollegen mit der höchsten therapeutischen Effizienz zeigen, vorleben und nachhalten. Den einen oder anderen Mitarbeitenden wird man unter Umständen dadurch verlieren, aber ohne dieses strenge Konzept, in der Art und Weise des Vorgehens, steigen die Stundensätze nicht signifikant an. Der Schlüssel ist es, die Best Practice zu definieren und die betroffenen Mitarbeitenden miteinzubeziehen und gemeinsam Standards festzulegen, was Behandlungsabläufe, Behandlungsschritte und Material angeht.

Jeder der Lust hat, kann sich engagieren und wer nicht mitmacht, darf sich hinterher nicht beschweren. Im Verlauf werden dann die vereinbarten Konzepte, Behandlungstherapien und Behandlungsschritte kontrolliert und wenn nötig aufgearbeitet.

Mühselig, aber aus aktueller Sicht unumgänglich.

Fotografie Tomek Koniezny

Doc.Tandon Academy

Meine Annahme war zu Anfang: Gründe ein Fortbildungsinstitut für dich und deine Mitarbeitenden und lade dir die Menschen ein, von denen du denkst, dass sie dich und dein Team weiterbringen. Ich war es 2023 satt, auf den, aus meiner Sicht, falschen Fortbildungen zu sein, weil diese oft Zeitverschwendung waren und immer noch sind. Versteh mich nicht falsch, man kann auf jeder Fortbildung etwas lernen. Auch wenn es für dich nicht die richtige Fortbildung war, hast du dennoch irgendetwas dazu gelernt oder du hast neue kompetente nette Menschen kennengelernt, die dich inspirieren. Aber auf deiner eigenen Veranstaltung zu merken, dass du hier falsch bist oder dass du die Zeit auch sinnvoller an anderer Stelle hättest investieren können, war für mich eine wichtige Erfahrung.

Oft weißt du ja nicht, wie du die für dich nächste Hürde nehmen sollst. Mit welchem Buch? Mit welcher Fortbildung? Mit welchem Input? 2023 habe ich also, was Fortbildungen angeht, übertrieben und mir gedacht: Bevor ich zu den Leuten fahre, hole ich mir die Besten zu mir und lasse meine Mitarbeitenden kostenlos an diesen Fortbildungen teilnehmen, wenn sie Lust dazu haben. Zusätzlich vermarkte ich diese Veranstaltungen über Instagram und die Kollegen, die von extern kommen, finanzieren im besten Fall die Veranstaltung. Win-Win-Situation. Im allerbesten Fall machen wir sogar etwas Gewinn mit den Veranstaltungen.

Soweit die Theorie. Die Realität ist die folgende: Du holst eine Koryphäe für deine Veranstaltung, bewirbst diese im Vorfeld mit viel Aufwand, die Hands-on-Workshops sind restlos ausverkauft und du gehst natürlich stark davon aus, dass deine

Mitarbeitenden nicht nur etwas lernen, sondern das Erlernte auch entsprechend umsetzen. Aber am Ende hat nur eine Kollegin beispielsweise das Bonding-Konzept von Marcin Krupinski im Berufsalltag umgesetzt und setzt es bis heute um. Alle anderen 13 Zahnärzte aus meinen Praxen haben diesbezüglich bis heute nicht einen Heil- und Kostenplan erstellt oder umgesetzt. Da frage ich mich, warum? Ich kann es mir bis heute nicht genau beantworten. Bei dieser Ausbeute muss man sich natürlich fragen, ob weitere Veranstaltungen für meine Mitarbeitenden überhaupt Sinn machen, wenn dahinter nicht ein klares Anreizsystem steckt, welches im Vorfeld mit den Mitarbeitenden kommuniziert wird. Wenn beispielsweise eine zahnärztliche Kollegin ihre Umsatzziele für den Monat X um einen gewissen Betrag übertrifft, darf sie im Folgemonat kostenlos an der Veranstaltung teilnehmen.

Stell dir beispielsweise vor, du investierst Zeit, in eine Powerpoint Präsentation über ein Thema, das dir wichtig ist oder wo du denkst, dass der Input für deine Mitarbeitenden sinnvoll ist und dazu beitragen könnte, dass Abläufe, Prozesse und Fertigkeiten angeeignet werden, die in die Verbesserung der Patientenbehandlung münden und somit langfristig auch die Stundensätze steigern. Also erneut eine Win-Win-Situation, gerade weil der Großteil der Belegschaft eine Umsatzbeteiligung erhält. In so einem Fall steigt natürlich deine Erwartungshaltung, welche ohnehin schon hoch ist, um so mehr. Wenn du dich zwei bis drei Stunden zu einem Thema hinsetzt und dieses aufarbeitest, willst du ja auch einen Mehrwert für alle bieten. Für die Patienten, das Personal und auch die Geschäftspartner. Zumindest war das bei mir stets die Erwartungshaltung und ich achte dann auch noch mehr auf die Details.

Zusätzlich kommt hinzu, dass der Prozess des Umsetzens nicht damit erledigt ist, dass man das Erlernte einmal oder mehrmals beim Patienten umsetzt. Du erlernst eine neue Technik und musst sie natürlich üben, gerade in einem Handwerk wie der Zahnmedizin. Selbstverständlich wäre die Annahme, dass es direkt beim ersten Mal klappt, verrückt - ähnlich verrückt, wie die Erfolgsquote der Fortbildung von eins zu 13 verrückt ist. Die ersten Versuche, eine neue Fertigkeit einzusetzen, werden vielleicht für dich nicht so zufriedenstellend sein, weil es einen Unterschied zwischen Erwartungshaltung und Umsetzungsfähigkeit zu schließen gilt. Aber dieser Prozess beinhaltet es, diese neue Fertigkeit an weiteren Patienten umzusetzen, es so zu dokumentieren, dass du mit den verbesserten Ergebnissen Werbung machen kannst und so bei neuen Patienten für diese Art der Versorgung ein Bedürfnis entwickeln und die Nachfrage nach dieser Dienstleistung nachweislich steigern kannst.

Also Kern des Prozesses ist, bei einem anderen Patienten ein Bedürfnis zu wecken, das Gesehene ebenfalls haben zu wollen, damit die Patienten dich deshalb gezielt aufsuchen. Je mehr ich darüber nachdenke, desto klarer wird der gesamte Prozess: Erlerne eine neue Fähigkeit, welche du für sinnvoll hältst, setze diese neue Fähigkeit entsprechend um, auf dem Weg entstehen neue Herausforderungen im Sinne von Komplikationen. Diese Komplikationen werden dich weiterbringen und vergrößern deine Kompetenzen. Deine erhöhte Kompetenz zieht wieder neue Patientenfälle an usw.

Wenn ich ChatGPT frage, erhalte ich die folgenden Antworten bzw. Learnings:

- Klare Ziele setzen: Definieren Sie klare und erreichbare Ziele, damit die Mitarbeitenden wissen, was von ihnen erwartet wird.

- Prioritäten setzen: Helfen Sie den Mitarbeitenden dabei, ihre Aufgaben nach Priorität zu ordnen, um sich auf die wichtigsten Aufgaben zu konzentrieren.

- Zeitmanagement: Fördern Sie effektive Zeitmanagement-Techniken wie die Pomodoro-Technik oder das Eisenhower-Prinzip, um die Produktivität zu steigern.

- Schulungen und Weiterbildungen: Investieren Sie in Schulungen und Weiterbildungen, um die Fähigkeiten Ihrer Mitarbeitenden zu verbessern und ihre Effizienz zu steigern.

- Kommunikation und Feedback: Schaffen Sie eine offene Kommunikationskultur und geben Sie regelmäßig konstruktives Feedback, um die Leistung zu verbessern.

- Technologische Unterstützung: Implementieren Sie Tools und Technologien, die die Arbeitsabläufe erleichtern und die Zusammenarbeit fördern.

- Motivation und Belohnung: Anerkennen und belohnen Sie die Leistung der Mitarbeitenden, um ihre Motivation und Produktivität zu steigern.

- Indem Sie diese Strategien kombinieren und an die Bedürfnisse Ihres Teams anpassen, können Sie die Effizienz am Arbeitsplatz verbessern.

Die Früchte deines Verstandes... und ein träger Verstand neigt zur Melancholie

Das letzte Mal, dass ich mit meiner Familie Urlaub gemacht haben, war im September 2023. Jetzt sitzen wir gerade am Gate und warten auf das Boarding. Wir fliegen 13 Tage in die Sonne. Wenn wir zurückkommen, steht am nächsten Tag direkt eine Praxisbegehung in meiner Praxis in Willich an. Für manche mag es vielleicht etwas verrückt erscheinen, so kurz vor der Praxisbegehung in den Urlaub zu fliegen, aber meine Mitarbeitenden werden das schon alles regeln und die Begehung wird kein Problem sein. Wenn sie etwas finden wollen, dann werden sie etwas finden, ansonsten stelle ich mir das ähnlich wie beim TÜV vor. Du erhälst ein Mängelprotokoll und bekommst einen Zeitraum X, um die Mängel zu beheben - fertig. Aber das nur nebenbei. Bevor wir uns hier am Gate hingesetzt haben, waren wir in einem Schreibwarenladen. Unsere Tochter hat sich eine Peppa Wutz Zeitschrift mit einem Arztkoffer inklusive Stethoskop, Spritze und Skalpell ausgesucht, meine Frau war wunschlos glücklich und ich habe mir ein neues Notizbuch gekauft.

Ich fliege das erste Mal in den Urlaub, ohne ein Buch dabei zu haben. Für andere mag das absolut normal sein - mich wundert das gerade. Im Laden habe ich nur oberflächlich nach einem neuen Buch geschaut, denn eigentlich wusste ich bereits, dass ich keins finden und kaufen werde. Wie bereits erwähnt, habe ich von 2016 bis Ende 2023 nahezu jedes Sachbuch über Selbstständigkeit, Unternehmertum und Unternehmerbiografien gelesen, das ich finden konnte und das in diesem Zeitraum veröffentlicht wurde.

Mit welchem Ergebnis? Das ist eine gute Frage, sicherlich hat es zu meinem heutigen Denken und Handeln mit beigetragen, aber das ist objektiv schwer messbar.

Jetzt aktuell wäre so ein Buch die pure Ablenkung. In der Vergangenheit war es oft so, dass ich meine Aufmerksamkeit auf das „next shining Thing" gerichtet habe und mich gerne habe ablenken lassen. Kein Wunder, oder? Nie war Marketing so effektiv wie seit den letzten Jahren. Nie wurden Menschen so intensiv getrackt wie heute und du denkst, dass das Buch oder die Veranstaltung oder das Seminar oder der Workshop dich weiterbringt. Diese Gedanken werden mittels gezielter Manipulationen durch Videos, Anzeigen usw. in dir ausgelöst, denn wenn es „dein Gedanke" ist nimmst du Ihn ernster als die Gedanken anderer Leute, oder?

In letzter Zeit beobachte ich an mir genau das Gegenteil. Der Abgleich unserer Soll- und Ist-Zahlen und die Analyse der Abweichungen triggern mich derzeit viel mehr als all die vielen Versuche von Unternehmen, mich in meiner Persönlichkeitsentwicklung zu manipulieren. Das wird mir gerade hier am Gate bewusst. Dieses Mal nehme ich bewusst kein anderes Buch mit, sondern schreibe einfach selber eins.

Vielleicht ist das auch Persönlichkeitsentwicklung in ihrer reinsten Form - denk mal darüber nach.

Während ich das hier schreibe purzeln so einige Felsbrocken und meine Mitmenschen meinen wahrscheinlich, dass gerade in der Nähe ein Steinrutsch im vollen Gange ist. Durch gemeinsam vereinbarte Ziele mit meinen Mitarbeitenden, die durch wöchentliche Kennzahlen genau beobachtet werden, ergeben sich im Verlauf viele Erkenntnisse und notwendige Maßnahmen. Für uns wichtige Kennzahlen sind die Anzahl der Neupatienten, der Stundenumsatz und die Anzahl der Recalls, um nur einige zu nennen. Wenn zum Beispiel die Ist-Zahl der Neupatienten pro Monat von unserer Soll-Zahl abweicht, geht es um die Frage, warum diese Zahl abweicht? Was müssen wir jetzt tun, damit wir unsere Soll-Zahl erreichen? Welcher Faktor spielt dabei die größte Rolle? Welche Schritte sind nun erforderlich? Welche Maßnahmen? Wenn dein Verstand sich damit beschäftigt, hast du keine mentale Kapazität, dich durch die Visionen, Missionen und Ziele anderer Menschen ablenken zu lassen. Vielmehr ist deine Verantwortung gegenüber deinen Mitarbeitenden und deinem Unternehmen wie ein Schutzschild.

Das hilft dir dabei, fokussiert zu bleiben. Merkwürdigerweise dachte ich immer, dass ich nicht so ein „Zahlenmensch" bzw. nicht so der Controller bin, aber meine Zahlen und meine Excel-Tabellen kommen natürlich mit in den Urlaub.

„Wenn der Schnee schmilzt, sieht man, wo die Kacke liegt!"

Das ist eines meiner Lieblingszitate. Deine Kennzahlen zeigen dir sofort, auf welche nächsten Schritte du deine mentale Kapazität fokussieren solltest. Verschwende diese Kapazität nicht für irgendeinen Autor oder für irgendeinen Onlinekurs.

Onlinekurse werden übrigens von 80 % der Teilnehmer nicht zu Ende gemacht und oft nur angeschafft, wegen der inneren Unruhe und der Annahme, dass sich irgendetwas durch den Kauf dieses Kurses in Zukunft verbessert, dass man sich selbst verbessert, dass die eigenen Glaubenssätze transformieren werden und dass das Leben eine erfolgreichere Richtung nimmt... Du kennst die Methoden - alles nur Marketing von ein paar schlauen Köpfen.

Es geht um **deine** Kennzahlen, die du selber definiert hast. Verrückt, aber was war zuerst da? Henne oder Ei? Mein Unternehmertum oder meine Kennzahlen? Das kennst du ja vielleicht: Gedanken werden zu Gefühlen, Emotionen werden zu Handlungen, Handlungen werden zu Verhalten, Verhalten produziert Ergebnisse, Abgleich dieser Ergebnisse mit deinen ursprünglichen Zielen veranlasst dich deine Gedanken einzufangen, daraus ergibt sich eine neue Handlung oder eine etwas angepasste Handlung, ein Verhalten usw. Irgendwann findet ein Abgleich von dir statt und du betreibst Handlungen aus der Erfahrung heraus und somit formt sich dein Charakter mit. Dein Charakter bestimmt, mit wem du Zeit verbringst. Und jetzt kommen deine Kennzahlen (also das Ei, was du dir selbst gelegt hast) und wenn du verantwortungsvoll mit ihnen umgehst, beansprucht das deine volle mentale Aufmerksamkeit und das ist dein Superman-Umhang, dein Schutzschild - nenn es, wie du es willst. Dann fummelst du an den Verbesserungen deiner Ist-Werte, machst diese transparent, bestenfalls monatlich, sprichst mit deinen Mitarbeitenden, saugst deren Input auf, Best Practice wäre natürlich, dass deine Mitarbeitenden in ihrem Rahmen selbstständig Maßnahmen ergreifen, die dazu führen, dass sich die Ist-Kennzahlen den Soll-Zahlen annähern. Und so erreicht man dann irgendwann die gemeinsam gesteckten Unternehmensziele.

Die Unternehmensziele hast du am Anfang des jeweiligen Jahres im Workshop mit deinen Mitarbeitenden aufgesetzt und erarbeitet. Am besten rufst du den Mitarbeitenden bei solchen Maßnahmen die Unternehmensvision und -mission nochmal ins Gedächtnis und gleichst diese vielleicht nochmal ab, manchmal ändert sich das Ein oder Andere mit neuen Mitarbeitenden oder weil Mitarbeitende das Unternehmen verlassen. Wenn sie nicht für dich arbeiten, dann arbeiten sie für jemand anderen, so ist das halt. Ich baue mir so ein Pult, wie Stefan Raab das in seiner Show hatte, mit Knöpfen und je nach Bedarf drücke ich aufs Knöpfchen: Wir brauchen in diesen Bereichen personelle Verstärkung - zack, wird ein Knopf gedrückt und die entsprechende Kampagne geht los. Oder wir haben derzeit zu wenig Neupatienten für den und den Bereich - zack, wird der nächste Knopf gedrückt und die entsprechende Kennzahl wird verbessert. Im Grunde genommen durchleuchtet man so verschiedene Bereiche der Praxis.

Zum Beispiel die Kennzahl „Neupatienten". Für uns eine ganz wichtige Kennzahl, weil wenn du wiederkehrende Dienstleistungen, wie Füllungen, Wurzelkanalbehandlungen, Knochenaufbauten, Implantate, kieferorthopädische Schienen, Kronen und Brücken anfertigst oder herausnehmbaren Zahnersatz herstellst und einsetzt und diese halbwegs vernünftig machst - sprich weit über die gesetzliche Gewährleistungszeit hinaus haltbar - dann brauchst du unbedingt Neupatienten. Aber über welche Kanäle kommen diese genau? Wie kann man das herausfinden? Im Grunde genommen ganz einfach: Du fragst die jeweiligen Neupatienten einfach direkt bei der Neuaufnahme danach. Wir legen ein entsprechendes Schreiben zu den zu unterschreibenden Formularen bei, mit der Bitte uns zu sagen, auf welchem Weg sie in unsere Praxis gefunden haben.

Wenn die Neupatienten auf Empfehlung von unseren Stammpatienten kommen, möchte ich gerne wissen, von wem genau, um mich gegebenenfalls dafür bei der jeweiligen Person zu bedanken. Oder eine bestimmte Anzahl an Neupatienten kommt über Google, so kann ich abgleichen, ob die jeweilige Werbekampagne erfolgreich war, wir diese eventuell anpassen müssen oder abstellen sollten und ob das Budget angepasst werden muss. Wie viele Neupatienten kommen über die sozialen Kanäle? Wie performt der Jameda-Account? Nur so erfährst du mehr über dein Unternehmen bzw. über deine Zielgruppe. Mit diesem Wissen kannst du deine Aktionen gezielt steuern und deine Mitarbeitenden dazu anhalten, Patienten, bei denen sie sicher wissen, dass die Behandlung erstklassig verlief, aktiv um Weiterempfehlungen zu bitten. Erinnere dich: Wenn du keine Werbung für dich machst, macht es keiner! Deshalb habe ich auch so viel Werbung auf den Autos, meistens so groß, dass man es auch gut aus dem Luftraum erkennen kann.

Die Empfehlungskette läuft wie folgt: Person A empfiehlt einer Person B die Dienstleistung einer Praxis. Erst wenn Person B mit der Dienstleistung von der Praxis zufrieden ist und zurück zu Person A geht und sich bedankt, schließt sich der Empfehlungskreis. Person A empfiehlt Person B ja nur etwas, um später Feedback zu bekommen und Dank zu erhalten. Und wenn dann noch zum richtigen Zeitpunkt eine kleine Aufmerksamkeit wie Blumen und eine Grußkarte mit einem „Danke für Ihr Vertrauen und für die Weiterempfehlung" von der Praxis Person A erreicht, besteht die Möglichkeit, dass, wenn die Blumen verwelken, Person A einer Person C die Dienstleistung der Praxis empfiehlt mit der Hoffnung, dass auch Person C damit zufrieden sein wird, sich im Anschluss dafür bedankt und die Praxis sich dann erneut mit einer kleinen Aufmerksamkeit für die Empfehlung bedankt.

Oder ein weiteres Beispiel: Die Kennzahl „Stundensatz" bei einem Kollegen aus der Ärzteschaft ist nicht im Soll-Bereich. Schauen wir uns das gesamte Datenblatt an, finden wir dort sehr viele Kennzahlen, wie zum Beispiel die Anzahl behandelter Patienten. Vielleicht hat die Kollegin oder der Kollege weniger als 600 Patienten im Quartal und wir müssen entsprechend agieren. Oder die Kennzahl „Mehrkostenvereinbarung" ist unter dem Soll-Wert. Oft reicht es schon aus, das Schwarz auf Weiß aufzuzeigen und die Mitarbeitenden darauf zu sensibilisieren. In unseren regelmäßigen Zoom-Meetings ergreifen wir dann gemeinsam mit der Kollegin/dem Kollegen Maßnahmen, die meist direkt eine starke Verbesserung mit sich bringen werden. Da die meisten Kolleginnen und Kollegen eine Umsatzbeteiligung haben, sorgen wir so erneut für eine Win-Win-Situation.

Einer meiner größten Fehler in der Vergangenheit war meine Abwesenheit. Ich habe nicht hingesehen, konnte teilweise nicht hinsehen, weil ich keine für mich wichtigen und richtigen Kenn-zahlen definiert hatte oder diese nicht regelmäßig hinterfragt habe. Oder mich bei den Mitarbeitenden nicht erkundigt bzw. nicht wirklich nachgefragt, einfach kein richtiges Interesse ge-zeigt habe. Nicht, weil es mich nicht interessiert hat, sondern weil ich im Tunnel war. Ich bin jeden Tag in den Tunnel ge-gangen – soll heißen, ich war der Hauptumsatzträger. Das an sich ist schon Belastung genug, weil ich damit beschäftigt war den Umsatz zu machen. Denn die Verantwortung ist groß. Die Mitarbeitenden verlassen sich auf dich. Du willst natürlich deiner Verantwortung gerecht werden. Man führt immer mal vier - bei 50 Mitarbeitenden bist du somit für 200 Leute verantwortlich, weil an jedem Mitarbeitenden ja meistens noch eine Familie hängt und die wiederum verlassen sich darauf, dass am Ende des Monats pünktlich der Lohn auf dem Konto eingeht, um entsprechende Fixkosten decken zu können.

Genauso verlassen sich deine Patienten darauf, dass du sauber wirtschaftest, in Mitarbeitende, Technologie und Weiterbildung investierst und Rücklagen bildest, damit du auch in Zukunft der Dienstleister des Vertrauens sein wirst. Deine Geschäftspartner verlassen sich natürlich auch darauf, dass du pünktlich deine Außenstände sowie deine Tilgung und Zinsen deckst. Während der Tunnelarbeit hast du verständlicherweise auch nur einen Tun-nelblick – du weißt nicht wirklich, wie die Dinge laufen. Welche potenziellen Mitarbeitenden sich bei dir vorstellen, welche du einstellen solltest und welche besser nicht. Meistens, wenn du gerade wieder aus dem Tunnel raus kommst, will ein Mitarbei-tender etwas von dir - wichtige Entscheidungen sollen am besten zwischen Tür und Angel getroffen werden oder sie müssen jetzt unbedingt etwas Wichtiges mit dir besprechen. Noch besser ist es, wenn sie dir eine Aufgabe aufdrücken wollen.

Meine Learnings:

- Kennzahlen helfen dir und beschützen dich, weil sie einen großen Teil deiner mentalen Kapazität fordern und somit wirst du weniger abgelenkt von unwichtigeren Einflüssen von außen.

- Baue dir ein Pullt mit Knöpfen für Neupatienten- oder Mitarbeitendengewinnung.

- Arbeite sauber auf über welche Kanäle deine Neupatienten kommen und bedank dich entsprechend für eine Patientenempfehlung.

- Versuche nicht mehr der alleinige Leistungsträger deines Unternehmens zu sein, weil die Tunnelarbeit dich vom Wachstum abhält.

- Wichtige Entscheidungen oder Gespräche nicht zwischen Tür und Angel.

Fotografie Tomek Koniezny

Exkurs: Monkey Management

Das psychodynamische Strukturmodell von Dr. Jensch beschreibt im Grunde die Deformation deiner Persönlichkeit unter Stress oder Druck. Stell dir vor, deine Persönlichkeit ist ein Ball und wenn von außen Druck auf diesen einwirkt, verformt sich dieser. Unter Umständen kommen dann unbekannte Wesensmerkmale von dir zum Vorschein. Bei mir ist das leider so, dass ich unter Druck richtig ätzend sein kann. In der Vergangenheit habe ich oft den von mir empfundenen Druck direkt und ungefiltert an meine damaligen Mitarbeitenden ausgelassen, was dazu führte, dass ich schon mehr als 120 Mitarbeitende habe kommen und gehen sehen. Das ist auf jeden Fall nichts, worauf ich stolz bin, aber in diesen Momenten war mir das alles nicht bewusst.

Es ist ein Unterschied, ob du ein Unternehmen führst, das investorgeführt ist, oder ein Unternehmen führst, das aus reiner Muskelkraft läuft und deine Existenz davon abhängt, also inhabergeführt ist. „Skin in the Game" auf Neudeutsch. Das soll jetzt aber keine Entschuldigung sein. Wenn du einen jungen Chef hast, kannst du nicht von ihm verlangen, dass er in jeder Situation adäquat reagiert. Das geht nicht, weil das genauso Erfahrungslernen beinhaltet wie die Zahnmedizin an sich. Was jetzt auch keine Entschuldigung sein soll, aber wenn du sofort nach so einem katastrophalen Verhalten in den Tunnel gehst, hast du keine Zeit, rechtzeitig über dein Verhalten nachzudenken und dich zeitnah für deine Fehltritte zu entschuldigen. Das schwächt dein Unternehmen viel mehr, als es der Umsatz, den du danach machst, stärkt. Die wichtigste Ressource ist immer

deine Humankapazität und die deiner Mitarbeitenden.
Ich bin seit Ende 2021 nicht mehr der Hauptleistungsträger.
Mein selbst erbrachter Umsatz liegt unter 5 % vom Gesamtumsatz. Früher war das ganz anders. Das Pareto-Prinzip besagt:
4 % deiner Mitarbeitenden machen 64 % des Umsatzes bzw.
1 % deiner Mitarbeitenden machen 51 % deines Umsatzes, ob
du willst oder nicht. Heute arbeite ich nur noch strategisch am
Patienten oder betreibe Konfliktmanagement. Soll heißen, wenn
Behandlungszimmer zeitlich unterbesetzt sind, weil die Mitarbeitenden keine zeitlichen Freiräume haben, diese Kapazitäten zu
füllen, arbeite ich solange in den Zeitfenstern, bis entsprechende
Neuzugänge eingestellt und eingearbeitet wurden. Oder ich hole
das ganz große Dampfbügeleisen raus und versuche, den Patientenansprüchen doch noch gerecht zu werden oder lenke die
Situation in die richtige Richtung, fordere bessere Ergebnisse
von meinem Team oder unseren Geschäftspartnern.

Das alles geht nur, weil ich rückblickend so verrückt war,
meine Stundenzeit am Patienten auf 18 Stunden pro Woche zu
reduzieren. Am Anfang (und teilweise auch mittendrin) war es
nicht einfach, weil ich oft wieder in meine alten Muster zurückfallen wollte. Also mehr selbst am Patienten zu behandeln, weil
die Umsätze eingebrochen waren oder weil ich im Management
von mir und anderen Menschen einfach (noch) nicht gut genug
war. Aber man kann das lernen und heute ist wieder mehr am
Patienten zu arbeiten keine Option mehr für mich, es sei denn,
es ist aus strategischer Sicht unbedingt erforderlich. Ansonsten
wäre das ein Rückschritt. Natürlich erfordert das viel Disziplin,
nicht nur im Alltag, sondern auch generell. Besonders, wenn
man so ein ungeduldiger Mensch ist wie ich. Das braucht seine
Zeit.

Spannend zu beobachten ist auch, was passiert, wenn Raum
frei wird, wenn ein Leistungsträger geht oder der Inhaber weni-

ger am Patienten arbeitet. Wie sich Patienten darüber aufregen und versuchen dich zu erpressen und damit drohen „woanders hinzugehen" und die Praxis zu verlassen, weil sie ja nur wegen dir kommen und wenn du nicht mehr verfügbar bist, sehen sie sich gezwungen, sich eine andere Praxis zu suchen. Das wird passieren. In dem Moment musst du einfach durchhalten. Das ist alles eine Form der Kommunikation: „Wissen Sie, bei Ihnen ist ja derzeit kein weiterer Behandlungsbedarf. Die normale Kontrolluntersuchung kann doch auch jemand anderes machen, aber wenn wirklich etwas Kompliziertes ansteht, dann ist Doc. Tandon natürlich für Sie da." Besser ist noch, im Beisein des Patienten, die Kollegin oder den Kollegen zu empfehlen, also einen Vertrauensvorschuss zu geben. Und wenn dann die Patienten merken, dass die Kollegin/der Kollege die Füllung, die Endo oder – weiß der Geier was – besser macht als der Chef und sie darüber hinaus noch wissen, dass im Falle eines Falles der Chef verfügbar sein wird, dann passiert Folgendes: ungeahnte Potentiale können sich entfalten durch den gegebenen Raum und die wirklich guten Mitarbeitenden bekommen Platz zu wachsen.

Meistens sind es festgefahrene Strukturen, die sich erst lösen, wenn eine Person das Unternehmen verlässt. Das zu erkennen und in dem Moment Hilfestellung oder nur Zuspruch zu leisten, reicht aus und die Mitarbeitenden sehen mit eigenen Augen, dass egal, was passiert oder wer das Unternehmen verlässt, es geht immer weiter, manchmal sogar besser als zuvor. Zu verstehen, was mit der Vision, Strategie, Struktur und Kultur passiert, wenn Mitarbeitende das Unternehmen verlassen bzw. neue Mitarbeitende das Unternehmen verstärken, kannst du nicht, wenn du ständig im Tunnel bist. Deine „alten Mitarbeitenden" und die Neuzugänge durch diese Veränderung aktiv zu begleiten, ist deine Aufgabe als Chef. Ein positiver Nebeneffekt der Stundenreduzierung am Patienten ist deine klare Positionierung: Du machst natürlich nicht mehr alles, dadurch wird sich dein Stundensatz verdoppeln.

Meine Learnings:

- Wieder mehr als 20 Stunden pro Woche am Patienten zu arbeiten ist ein Rückschritt und keine Option, es sei denn, es ist strategisch für einen definierten Zeitraum notwendig.

- Dadurch das du weniger am Patienten arbeitest wird Raum frei und dadurch können sich Potentiale entfalten - sprich neue Leistungsträger werden sich aufbauen und dich unterstützen.

Was machst du mit freigewordener Kapazität?

Also, ich habe erstmal Panik geschoben. Habe wild herumgefummelt und am Praxishandbuch oder an Arbeitsanweisungen herumgeschrieben, ohne diese jemals wirklich zu beenden. Ich habe – und das mache ich bis heute – überwiegend Branding betrieben. Die meisten Dinge, die im Leben passieren, versteht man nur rückblickend. Du gibst deinem Leben erst rückblickend einen Sinn, nicht andersherum. Früher habe ich das nicht wirklich verstanden. Wie bin ich beispielsweise zu Instagram gekommen? Ich habe seinerzeit ein Video auf YouTube gesehen, glaube ich. Der sinngemäße Inhalt des Videos war: Niemand guckt gerne Werbung. Immer wenn man die Möglichkeit hat, Werbung zu überspringen, dann tut man es. Aber jeder schaut gerne Content. Also ist Content die neue Form der Werbung. In dem Moment bekam ich die Sorge, etwas zu verpassen. Also habe ich mit Instagram angefangen. Viele Leute haben mir gesagt, dass das nicht klappen wird – wen interessiert schon, was du sagst und mach erstmal die ersten 100 Beiträge und Reels. Mittlerweile sind es über 1.600 Beiträge. Wir haben uns überwiegend auf Instagram konzentriert – das liegt mir mehr als die anderen sozialen Medien. Aktiv Patienten generieren wir damit kaum, aber für die Mitarbeitendengewinnung zahlt sich der Aufwand aus.

Unser Podcast „Erst Hose, dann socken" – ja, „socken" ist bewusst klein geschrieben – ist nach wie vor ein Spaßprojekt. Aber wir erreichen überwiegend Zahnärzte und mittlerweile können wir unsere Reichweite auch monetarisieren. Zum Einen verkaufen wir über die Reichweite Kurse der Doc.Tandon Academy, zum Anderen stellen mir Geschäftspartner Maschinen oder Dienstleistungen ohne Entgelt zur Verfügung - meist in der Hoffnung, dass ich darüber spreche, wenn ich begeistert bin.

Meine Learnings:

- Reichweite ist eine neue Form der Währung.

- Unter Umständen kannst du damit neue Mitarbeitende gewinnen oder je nach Content und Format auch Neupatienten.

- Such dir den Kanal aus, der dir am meisten liegt.

- Es ist nie zu spät anzufangen.

Fotografie Tomek Koniezny

Prozesse

Was funktioniert denn jetzt eigentlich?

Das ist grundsätzlich eine gute Frage. Ich denke, das ist immer eine Momentaufnahme. Und wir hatten das ja schon an einer anderen Stelle: Du verstehst das Leben und dein Geschäft ja nur rückblickend. In dem konkreten Moment finden ehrlicherweise nur Annahmen und Mutmaßungen statt.

Wir werden später über Datenblätter und Stundensätze sprechen sowie darüber, wie gute Mitarbeitende, die selbstständig arbeiten und delegierbare Aufgaben aus Sicht der Zahnärztin oder des Zahnarztes hervorragend erledigen, entscheidend dazu beitragen, den Stundenumsatz zu steigern. Dennoch kann es vorkommen, dass selbst gute Ansätze in deinen Händen nicht funktionieren.

Hintergrund:
Ich war mit meinen Regionalleiterinnen Frau Schmitz und Frau Stollenwerk auf einer Fortbildungsreihe einer renommierten Akademie, die insgesamt über neun Monate ging. Jeder kennt das: mehrere Module, meistens an verschiedenen Orten, leider oft auch unter der Woche. Auf jeden Fall haben wir dort das sogenannte „Aufstiegsheft" kennengelernt. Das Aufstiegsheft ist ein individuell erstelltes Heft für Mitarbeitende. In diesem Heft werden Ziele vereinbart und Erwartungen bzw. Aufgaben verschriftlicht, die die Mitarbeitenden in einem vorher definierten Zeitraum erledigen müssen. Diese werden dann von der entsprechenden vorgesetzten Person geprüft und abgezeichnet. Wenn die Aufgaben erledigt wurden, erhält die Mitarbeitende eine

entsprechende Vergütung oder Beförderung. Dieses Heft soll den Mitarbeitenden dazu dienen, vom Management festgelegte Punkte, Engpässe oder Schwächen zu trainieren, verbunden mit einem Anreizsystem dahinter.

Soweit die Theorie. Der Grundgedanke dahinter: Wird das Teammitglied stärker, wird auch das Team stärker. Wir haben das mit dem Aufstiegsheft für ca. sechs Monate mit unseren damaligen Azubinen „ausprobiert", mit dem Ergebnis, dass wir es wieder eingestellt haben. Es gibt viele Gründe dafür - zu wenig nachgehalten ist mitunter der Wichtigste. Und vor allem: Du kannst einen Menschen nicht motivieren, entweder kommt die Motivation intrinsisch, also von innen heraus, oder eben gar nicht.

Ich bin fest davon überzeugt, dass einiges Wahres an der Y-Theorie von Douglas McGregor dran ist. Zusammenfassend kann diese wie folgt dargestellt werden: Laut Theorie Y müssen Menschen zwar arbeiten, wollen sich aber auch für die Arbeit interessieren. Unter den richtigen Bedingungen macht Arbeit Spaß. Denn Menschen sind in der Lage, sich selbst in eine Richtung zu führen, auf ein Ziel hin, das sie akzeptieren. Deshalb ist es so wichtig, eine Vision im Team zu definieren. Daraus ergibt sich eine Mission und daraus ergeben sich die gemeinsamen Unternehmensziele. Wenn zusätzlich dann noch die Chefin/der Chef für die richtigen Umstände sorgt, suchen und übernehmen Menschen Verantwortung. Unter den richtigen Bedingungen sind Menschen durch den Wunsch motiviert, eigenes Potenzial zu entfalten und nicht durch ein Aufstiegsheft mit finanziellen Anreizen. Es kann ein Anreiz sein, mehr aber auch nicht. Denn unsere Annahmen über Menschen beeinflussen unser eigenes Verhalten und damit, wie wir Organisationen entwickeln, gestalten und führen. Und wie so oft gilt: Der Fisch stinkt vom Kopf.

Meine Learnings:

- In meinen Händen hat ein Aufstiegsheft für die Mitarbeitenden nicht funktioniert.

- Schaffe die richtigen Bedingungen für deine Mitarbeitenden und beobachte wie Potentiale frei werden.

Fotografie Tomek Koniezny

Stundensätze und Datenblätter: Diese Zahlen solltest du kennen

Seit einigen Monaten legen wir zum Quartalsende bzw. zum Beginn des Folgequartals unseren Ärztinnen und Ärzten ihre Datenblätter vor. Das Datenblatt enthält eine Vielzahl von Kennzahlen, wie zum Beispiel den Stundensatz, also wie viel Euro der jeweilige Behandler pro Stunde Umsatz macht. Je größer der Betrieb ist, desto höher sind die Fixkosten und desto höher muss der jeweilige Stundensatz ausfallen. Welche Faktoren spielen beim Stundensatz eine wichtige Rolle?

Das Tolle an Kennzahlen ist, dass sie die Realität widerspiegeln und das gibt dir auch die Möglichkeit, zahlenbasiert zu argumentieren, anstatt dich auf dein Bauchgefühl verlassen zu müssen, welches dir ohne entsprechende Kennzahlen gar keine Grundlage für faire Kommunikation bieten kann. Für mich sind Kennzahlen die Definition von transparenter Kommunikation.

Du kannst die Stundensätze der Mitarbeitenden miteinander vergleichen. Weiterführend kannst du ableiten, was die beste therapeutische Effizienz ist und somit Best Practices definieren - dazu aber später mehr. Im Datenblatt stehen die im Monat bzw. im Quartal behandelten Stunden, die Anzahl der behandelten Patienten im Quartal nach GKV und PKV (gesetzlich und privat versicherte Patienten), zusätzlich auch der Anteil der Mehrkostenvereinbarungen. Außerdem gibt es eine Spalte

„Honorare nach Behandlungsgruppen", also wie hoch war der Anteil der Kons/Chirurgie/KG, wie viel ZE wurde gemacht, wie viele Implantate, wie viele PA... Daraus lassen sich tendenzielle Behandlungsschwerpunkte ableiten, was besonders interessant für junge Kolleginnen und Kollegen ist, die noch nicht so recht wissen, in welche Richtung sie gehen wollen.

Der letzte Punkt ist die individuelle Auswertung. Da steht zum Beispiel drin, wie viele Füllungen im Quartal gemacht wurden und wie viele davon mit Zuzahlung, also mit Mehrkostenvereinbarung, stattgefunden haben. Auch hier gibt es Mitarbeitende, die eine Mehrkostenvereinbarungsquote von über 40 % haben und manche von weniger als 5 %. Warum ist das so? Was macht die eine Person laut Datenblatt „besser" als die andere?

Darüberhinaus helfen diese Kennzahlen aber auch dabei Maßnahmen zu ergreifen bzw. die Dinge zu sehen, die nicht auf Anhieb sichtbar sind. Zum Beispiel hat ein Mitarbeitender einen schlechten Stundensatz. Warum hat er einen schlechten Stundensatz? Normalerweise würde man so argumentieren: Patienten kaufen Kompetenz. Die Zahnärzte mit der meisten Berufserfahrung haben in der Regel auch die höchsten Stundensätze, bedingt dadurch, dass unser Beruf maßgeblich mit Erfahrungslernen einhergeht. Aber ist das wirklich so? Durch die Kennzahlen wird vieles sichtbar. Hatte der Mitarbeitende genug (Neu-)Patienten in diesem Quartal? Oder müssen Marketingmaßnahmen eingeleitet bzw. speziell angepasst werden? Oft reicht es auch, den Mitarbeitenden darauf hinzuweisen, dass zum Beispiel seine Mehrkostenvereinbarungsquote unterirdisch ist. Also die Sensibilisierung auf gute, aber auch auf zu verbessernde Kennzahlen. Natürlich sollte der Mitarbeitende über seine Zahlen nachdenken und im Verlauf mit Vorschlägen kommen, wie er die eine oder andere Kennzahl verbessern wird.

Konkret: Welche Maßnahmen werden bis wann ergriffen?

Welche Kollegen können eventuell Hilfestellung bieten? Welche Hilfestellungen müssen wir uns ggf. von extern „einkaufen" in Form von Seminaren oder Onlineveranstaltungen? Dadurch, dass die Ergebnisse nachgehalten werden, kann sich auch kein Mitarbeitender davor drücken. Es geht jedoch ausdrücklich nicht darum, Druck aufzubauen, denn die Kennzahlen sind nicht alles. Aber je größer das Unternehmen ist, desto wichtiger werden die Stundensätze bzw. desto höher müssen diese sein. Dadurch gibt es interne Benchmarks und du kannst relativ früh Abweichungen zum Ziel feststellen und nachjustieren. Aber auch an dieser Stelle noch einmal: Das ist ein ständiger fortlaufender Verbesserungsprozess und hört nie auf.

Mein Learning:

- Kennzahlen sind ein Muss für transparente Kommunikation und die Grundlage für fairen und wertschätzenden Umgang.

Ich habe keinen Bock
auf Akkordarbeit!

Das habe ich schon von vielen Kolleginnen und Kollegen gehört, gerade wenn sie neu bei uns anfangen. Erst kommt die
Schlagzahl und dann kommt die Schlagkraft. Wenn man sich mit
Stundensätzen beschäftigt, kommt man schnell zu einer Sache:
Wir sind Dienstleister, wir tauschen Zeit gegen eine Dienstleistung. Also entweder definiert man zuerst seinen Stundensatz
und im Anschluss seine Preise oder man arbeitet im Akkord.
Es ist wie im Leistungssport: Wenn alle gedopt sind, gibt es
keinen Wettbewerbsvorteil. Wir alle arbeiten mit derselben Gebührenordnung, sei es gesetzlich oder privat (Bema oder GOZ).
Was mich an der Akkordarbeit-Aussage immer gestört hat, war
der fade Beigeschmack von schlechter Qualität, was absoluter
Quatsch ist. Es kommt allein auf deine therapeutische Effizienz
an - das ist der Schlüssel. Wie hoch ist deine therapeutische
Effizienz? Natürlich spiegelt sich das in deinen Stundensätzen
wider, aber es ist noch viel, viel mehr.

Wenn ich mir unsere Leistungsträger im Unternehmen anschaue,
finde ich wenige bzw. nur eine Gemeinsamkeit. Sie haben nicht
alle das gleiche Geschlecht, stehen nicht alle zu derselben Uhrzeit
auf oder gehen zur selben Zeit ins Bett, kommen nicht alle 20
Minuten früher, haben nicht alle dieselbe Berufserfahrung, haben
nicht alle den gleichen Tätigkeitsschwerpunkt usw. Aber alle
sind wirksam in dem, was sie tun und wie sie es tun. All diese
Leistungsträger haben sich mit ihren Arbeitsabläufen auseinandergesetzt, diese standardisiert und optimiert. Und weichen nicht

davon ab. Jeder Behandlungsschritt ist ganz klar definiert. Da wird nichts dem Zufall überlassen. Jede Behandlung läuft gleich ab: die gleichen Instrumente, die gleichen Abläufe, die gleichen Absprachen, die gleiche Arbeitsaufteilung. Es ist klar definiert, wer wann was macht und mit welchem Ergebnis. Es wurde sich einmal intensiv mit der Materie auseinandergesetzt. Klar müssen dann und wann neue Technologien, Studien und Instrumente hinzugefügt werden, aber das kommt eher selten vor. Dadurch, dass alle im jeweiligen Behandlungsteam Bescheid wissen, weiß auch jeder, was wann zu tun ist und dadurch ergibt sich Sicherheit. Sicherheit im Tun und Sicherheit für die Mitarbeitenden. Diese Sicherheit spüren auch die Patienten und dadurch erzielt man die besten Ergebnisse - das nennt man Routine oder therapeutische Effizienz. In dieser Routine verdient man Geld, erreicht überdurchschnittliche Stundensätze, überdurchschnittliche Mitarbeitendenzufriedenheit, überdurchschnittliche Ergebnisse und überdurchschnittliche Patientenzufriedenheit und somit überdurchschnittliche Weiterempfehlungen. Je strukturierter deine Behandlungsabläufe sind, desto höher ist deine therapeutische Effizienz. Jeder im Team kennt die Abläufe und somit passieren auch in der Vorbereitung weniger Fehler...

Je besser deine klinische und radiologische Untersuchung abläuft, deine Patientenaufklärung inklusive Betonungen, Körpersprache und Aufklärungsinhalt, sowie die Umsetzungsrate deiner Heil- und Kostenpläne ist, desto effizienter läuft deine Praxis. Weniger Rückfragen zur Behandlung führen zu weniger benötigten Folgeterminen oder sofortigen OP-Terminen. Es lohnt sich, jeden Aspekt des Behandlungsablaufs zu analysieren: Wie war der Behandlungsablauf insgesamt? Würde der Patient die gleiche Therapie erneut wählen? Wie oft musste ein Abdruck wiederholt werden? Hat das Provisorium den Test der Zeit bestanden? Wie verläuft die Wundheilung? Wie oft kehrt der Patient nach dem Eingriff zur Nachsorge zurück? Eine optimale Patientenversorgung führt zu einer höheren Effizienz in deinem Terminplan.

Mein Learning:

- Therapeutisch effizient zu arbeiten hat nichts mit Akkordarbeit zu tun, sondern mit überdurchschnittlichen Standards.

Fotografie Tomek Koniezny

Umsatz wird durchs Terminbuch bestimmt

Eine effizientes Patientenmanagement wird zentral über das Terminbuch geregelt. Zumindest bei Neuzugängen oder Kolleginnen und Kollegen mit weniger als zwei Jahren Berufserfahrung oder mit weniger als 350 Euro Stundenumsatz. Weil die Schlagzahl da noch zentral geregelt werden muss, sonst besteht die Gefahr das wir schnell bei „Wünsch dir was" sind und jeder sich aussuchen darf wie schnell oder langsam die jeweilige Behandlung am jeweiligen Tag in Abhängigkeit der Gefühlslage des Behandlers terminiert wird. Es werden im Vorhinein in Absprache mit den Behandlern Behandlungszeiten definiert und zentral vom Empfang eingeteilt, koordiniert und eingehalten. Dann ist die wichtigste Aufgabe, dass die Qualität stimmt und die Behandlungszeiten eingehalten werden. Wenn das der Fall ist ergibt sich daraus die Schlagkraft, weil dem vorausgeht, dass die Behandlungsabläufe samt Instrumentarien etc. klar sind und entsprechend vor und nachbereitet werden. Erst wenn das stimmt, kann man drüber nachdenken einen weiteren Mitarbeitenden und ein weiteres Behandlungszimmer zu Verfügung zu stellen.

Das Argument, dass die Stundensätze so schlecht sind, weil kein zweites Zimmer und keine weitere Mitarbeitende zur Verfügung gestellt wird, ist kein wirkliches Argument. Weil dein Stundensatz sich nicht aus der Konsequenz heraus verdoppeln wird, dass du ein weiteres Behandlungszimmer hast. Wenn eine Ärztin oder ein Arzt mit einer schlechten therapeutischen Effizienz ein weiteres Behandlungszimmer bekommt, steigen entsprechend die Fixkosten (Personal und Raumkosten), was aber nicht automatisch für die therapeutische Wirksamkeit gilt. Die Patienten warten dann halt länger im Behandlungszimmer anstatt im Wartezimmer und es fällt vordergründig vielleicht dem Empfang nicht auf, weil sich keine Patienten im Wartezimmer stapeln, aber dadurch kommen die Mitarbeitenden nicht schneller in die Pause oder in den Feierabend, das Verhältnis bleibt gleich und die Zahlen lügen am Ende nicht. Wenn sich im Verlauf die therapeutische Wirksamkeit einstellt, wird der Behandler selbst seine Behandlungszeiten anpassen und es dem Empfang entsprechend mitteilen, weil das schlimmste für einen Leistungsträger die ungenutzte Kapazität der Zeit ist. Wenn nicht, dann fehlt dahinter das richtige Anreizsystem also die Umsatzbeteiligung oder die Person ist nicht die richtige für den Job. Leistung erbringen bedeutet aber noch nicht, dass auch tatsächlich Umsatz erwirtschaftet wurde. Denn das bedingt die korrekte Dokumentation und Leistungseingabe.

Wenn du genau wissen willst, wie wir die Patienten terminieren, musst du mich persönlich ansprechen oder an einem Coaching teilnehmen.

Meine Learnings:

- Dein Umsatz wird durch dein Terminbuch definiert.

- Erst ab einem Stundensatz von über 350 Euro bekommt die Behandlerin bzw. der Behandler standardmäßig ein zweites Behandlungszimmer - vorher nicht.

Kontrollschleife der Verwaltung

Die Leistungen werden nicht in dem Moment abgerechnet, wo sie erbracht wurden, sondern in dem Moment, wo diese sauber dokumentiert und entsprechend der Gebührenordnung abgerechnet wurden.

Ich konzentriere mich meistens auf meine therapeutische und nicht so sehr auf meine dokumentarische Effizienz. Glücklicherweise helfen mir meine Mitarbeitenden dabei und sie helfen auch den anderen Ärztinnen und Ärzten bei uns im Haus. Bis zum Folgetag einer Behandlung um neun Uhr haben die Kolleginnen und Kollegen Zeit, ihre Dokumentation anzupassen, bevor unsere Verwaltung des jeweiligen Standorts über die Dokumentation und Leistungseingabe schaut und bei Bedarf korrigiert oder ergänzt - was aus unternehmerischer Sicht essenziell wichtig ist.

Bei uns im Handbuch steht sinngemäß folgendes: Es darf nichts an Leistungen abgerechnet werden, die nicht erbracht wurden. Im Gegenzug müssen ausnahmslos alle Leistungen, die erbracht wurden, auch abgerechnet werden. Verstöße hierbei können nur drei Gründe haben: Unwissenheit, Zeitmangel oder Charakterdefizite. Alle drei genannten Gründe sind keine ausreichende Begründung, da Dokumentation Berufspflicht ist. Vergessene Leistungen werden nachgetragen und dem jeweiligen Behandler trotzdem gutgeschrieben, weil die Leistungen erbracht wurden und ihm nicht nur theoretisch zustehen. Nur die Vergütung dieser erfolgt zum späteren Zeitpunkt.

Mein Learning:

- Du brauchst eine Kontrollschleife bei deiner Leistungser-
  fassung.

Fotografie Tomek Koniezny

Kenne auch diese Zahlen

Eine weitere wichtige Kennzahl ist die Anzahl der kranken Mitarbeitenden pro Monat. Der Krankenstand kann auf eine mögliche Überlastung der Mitarbeitenden hinweisen. Ich habe in der Vergangenheit oft neue Mitarbeitende nicht eingestellt, weil diese gut waren, sondern einfach weil ich welche brauchte. Damit erreichst du genau das Gegenteil von dem, was du eigentlich erreichen möchtest, nämlich Entlastung für deine guten Mitarbeitenden. Aber die Arbeit für die guten Mitarbeitenden wird dadurch nur noch gesteigert, weil sie sich verpflichtet fühlen, die „schlechten" Neuzugänge zu kompensieren.

Wenn du die Anzahl der kranken Mitarbeitenden pro Standort intern kommunizierst, entsteht eine gewisse Gruppendynamik, denn kein Standort möchte der sein mit den meisten kranken Mitarbeitenden pro Monat. Daneben ist eine Sache ganz klar: Wer krank ist, ist krank, aber vieles hängt auch mit dem Lebenswandel zusammen.

Bei unserer Auftaktveranstaltung Anfang des Jahres war ein Ziel am Standort Willich sieben neue Mitarbeitende einzustellen. Glücklicherweise konnten wir all diese Stellen innerhalb von drei Monaten mit guten Kräften besetzen, aber dadurch wird nicht weniger zu tun sein. Was die Arbeit am Patienten angeht zwar schon, aber alles beeinflusst alles. Das bedeutet, wenn alte Mitarbeitende gehen oder neue Mitarbeitende das Unternehmen verstärken, hat das Einfluss auf die Kultur, auf die Struktur, unter Umständen sogar auf die Strategie und die Vision. Wenn man das im Vorfeld transparent kommuniziert, ist diese Übergangsphase klar und die Erwartungshaltung der „alten" Mitarbeitenden ist nicht ganz so hoch, denn die Einarbeitung der Neuzugänge zu unseren Gunsten, sprich zur späteren Entlastung, ist ein Prozess.

Wie haben wir so schnell so tolle neue Mitarbeitende finden können? Klar haben wir in den letzten Jahren über die sozialen Medien gute Vorarbeit geleistet im Sinne von Reichweite und Außendarstellung, aber entscheidend war hier die Zusammenarbeit mit Dentalfreund. Dentalfreund bietet wirklich eine professionelle, energische und hervorragende Dienstleistung. Deshalb meine absolute Empfehlung an dieser Stelle.

Eine weitere wichtige Kennzahl ist die Anzahl von Neupatienten pro Monat. Wenn du Dienstleister bist und deine Dienstleistung länger als die gesetzliche Garantie funktioniert, brauchst du irgendwann neue Patienten, sonst kannst du langfristig spezielle Dienstleistungen wie Implantatversorgungen oder aufwendige Zahnersatzkonstruktionen nicht mehr oder nur noch selten erbringen. Das ist häufig, wenn auch unbewusst, der Grund, warum weitere Standorte eröffnet werden, weil die Patienten im Umkreis der Stammpraxis schon „abgegrast" worden sind.

Meine Learnings:

- Die Anzahl der kranken Mitarbeitenden pro Woche ist ein wichtiger Indikator für eine mögliche Überbelastung der Mitarbeitenden und/oder dass du eventuell unterbesetzt bist.

- Du brauchst ausreichend viele Neupatienten pro Monat.

Epilog

Ich wurde von Daniel Petcu letztes Jahr (2023) gefragt, ob ich bei seiner Veranstaltung „Dentale Themenwelt" am 07. und 08.06.2024 eine Keynote halten möchte. Aus mir bis dato nicht ganz erklärlichen Gründen habe ich zu diesem Zeitpunkt einfach ohne viel nachzudenken „Ja" gesagt. Im Vorlauf zu diesem Termin ist dieses Buch entstanden. Wir haben heute den 20.05.2024, es ist gerade 23:37 Uhr und ich habe heute seit 14 Uhr mit mehreren Unterbrechungen das Buch noch einmal durchgelesen und teilweise umgeschrieben. Meine Frau, die heute Geburtstag hat, schläft schon und unsere Tochter auch. Ich habe Marius versprochen, dass ich heute noch damit fertig werde.

Ich hoffe, du kannst mit Hilfe der einen oder anderen Anekdote oder Erfahrung aus diesem Buch den einen oder anderen Fehler vermeiden und das eine oder andere Learning hat auch dir etwas gebracht. In einem normalen Buch sind 98 % der Wörter Füllwörter, ich hoffe, in diesem kleinen Buch sind es deutlich weniger.

Wenn du Fragen hast oder dir manche Dinge unklar erscheinen, schreib uns gerne auf Instagram an. Ich danke Marius für seine Unterstützung bei diesem, bei vergangenen und zukünftigen Projekten. Ich danke Bernd für seine Korrekturen und seinen Input.

Jetzt muss ich nur noch mit der Keynote anfangen...

In diesem Sinne...frohes Schaffen!!!

Fotografie Tomek Koniezny

Und warum arbeite ich mit Cousin?

Dass mein Cousin Daniel und ich in der selben Straße im Lüdenscheider Ortsteil Buckesfeld groß geworden sind hat Daniel ja schon an anderer Stelle erläutert. In diesem Kapitel möchte ich beleuchten, wie ich beruflich mit Daniel zusammengekommen bin.

Ich komme ursprünglich aus dem Bereich der Film- und Fernsehproduktionen. Mich hat diese Welt schon immer fasziniert. Zu verstehen, wie die bunten, beeindruckenden Bilder entstehen, die uns vor der Leinwand oder dem Fernseher so faszinieren und fesseln können. Leider sind die Arbeitsbedingungen an Filmsets oft nicht sehr familienfreundlich. Man arbeitet an sehr vielen verschiedenen Drehorten, oft auch an Wochenenden oder nachts, man ist selbstständig und muss selbst dafür sorgen immer genügend Arbeit zu haben, um über die Runden zu kommen und es läuft viel über Vitamin B.

Als meine Mama 2011 relativ plötzlich schwer erkrankte schwand zwar nicht die Faszination für für die Arbeit an Filmsets, aber es wuchs der Wunsch in mir etwas „seriöses" zu lernen, etwas mit dem ich meinen Beitrag dazu leisten kann meine Familie zu ernähren. Da ich die Welt des Films und der Kameras nicht gänzlich verlassen wollte entschied ich mich für ein Studium der Medientechnik an der FH Köln. Leider hat dieses Studium nur rudimentär mit dem etwas zu tun, was ich mir erhofft habe. Es war ein reguläres Studium der Ingenieurslehre - also bestand es größtenteils aus Mathe, Physik, Elektrotechnik und Informatik - gespickt mit ein paar Vorlesungen und Praktika aus der Welt der Photo- und Videotechnik. Kurz gesagt: Das Studium hat mir weit mehr abverlangt, als ich mir vorher vorgestellt habe. Ich hatte kein typischen Studentenleben, keine Zeit für ausufernde Parties oder viel Freizeit - ich musste Vorlesungen besuchen und zu Hause lernen, um den Anschluss nicht zu verlieren. Ich habe dennoch drei Semester über Regelstudienzeit benötigt, um das Studium erfolgreich abzuschließen.

Bereits während des Studiums haben mir ein paar Dozenten und Professoren sämtliche Hoffnungen genommen, dass man als Medientechniker besonders rosige Zukunftsaussichten hat. Sätze, wie „wenn Sie Geld verdienen möchten, dann schreiben Sie sich bitte bei Elektrotechnik ein" sind immer wieder gefallen. Am Ende war ich dennoch stolz, mich durchgebissen zu haben und fortan als Ingenieur durchs Leben zu gehen.

Arbeit gefunden habe ich bei einem Vertrieb für Medientechnik im Großraum Düsseldorf. Meine Tätigkeiten waren es vorrangig die Bereiche der Reparaturen und des Supports zu koordinieren. Alle technischen Probleme liefen bei mir auf und ich versuchte diese möglichst kundenorientiert zu lösen. Nebenbei habe ich auch den Vertrieb technisch beraten und mit Kunden zusammen ganze Projekte geplant. Ich war dort am Zahn der Zeit. Sämtliche neuen Geräte der Hersteller kamen in mein Büro und wurden durch mich auf Herz und Nieren geprüft.

Die Firma hatte viele Kunden aus dem Eventbereich und wurde deshalb besonders hart durch die Corona Pandemie getroffen. Relativ früh musste ich daher in Kurzarbeit gehen. In dieser Zeit meldete sich Daniel bei mir und fragte mich, ob ich ihn nicht dabei unterstützen möchte seinen Instagram Kanal nach vorne zu bringen.

Ich kannte bis dato Instagram nur vom Hörensagen, aber ich war sofort von der Idee angefixt. So habe ich vorerst nebenberuflich mit Daniel zusammengearbeitet. Als ich etwas später sechs Monate in Elternzeit gegangen bin, fragte mich Daniel das erste mal, ob ich mir auch vorstellen könnte den Job in Vollzeit zu machen? Komischer Gedanke.

Wir haben zwischenzeitlich öfter Mal lose darüber geredet, ob ich das nicht Vollzeit machen wolle, aber konkret wurde es erst, als mir aufgefallen ist, dass ich mich ja auch an Kündigungsfristen halten muss. Kurzerhand habe ich frühzeitig bei meinem alten Arbeitgeber gekündigt und dann anschließend Daniel darüber informiert. Der hat dann einfach einen Arbeitsvertrag für Zahntechniker dadurch modifiziert, dass er das „Zahn" durch „Medien" ersetzt hat und der Rest ist Geschichte.

Das alles ist erst gut eineinhalb Jahre her und dennoch hat sich die deutsche Zahnmedizinbubble auf Instagram seitdem komplett verändert. Zu unseren Anfängen gab es vielleicht eine handvoll Zahnärztinnen und Zahnärzte, die kreativen, eigenen Content produziert haben. Heute hat fast jede Zahnarztpraxis ihren eigenen Account.

Ich hab mich vorher oft gefragt, wie wir denn bitte mit Instagram eine 40 Stunden Arbeitswoche füllen sollen?! Die Zeit hat gezeigt, dass das problemlos möglich ist. Allein jedes Mal, wenn wir auf Tour gehen, haben wir Stunden an Material, was gesichtet, geschnitten und aufbereitet werden muss. Dazu kommt noch der Podcast, Onlinekurse, die Doc.Tandon Academy und alle anderen (Side-)Projekte.

Marius und Daniel

Ich bin Daniel zum Einen für die Chancen dankbar, die er mir mit diesem Job ermöglicht: Kreativ zu arbeiten, auch Mal etwas ausprobieren und immer wieder neue, spannende Dinge zu erleben. Vor allem bin ich ihm aber für die gemeinsame Zeit dankbar!

Marius